AF276314

Disfrute gratuitamente **DURANTE UN AÑO** de los eBook y audiolibros de las obras de Editorial Colex*

⊘ Acceda a la página web de la editorial **www.colex.es**

⊘ Identifíquese con su usuario y contraseña. En caso de no disponer de una cuenta regístrese.

⊘ Acceda en el menú de usuario a la pestaña «Mis códigos» e introduzca el que aparece a continuación:

RASCAR PARA VISUALIZAR EL CÓDIGO

⊘ Una vez se valide el código, aparecerá una ventana de confirmación y su eBook y/o audiolibro estará disponible **durante 1 año desde su activación** en la pestaña «Mis libros» en el menú de usuario.

---

* Los audiolibros están disponibles en las ediciones más recientes de nuestras obras. Se excluyen expresamente las colecciones «Códigos comentados», «Biblioteca digital» y los productos de www.vademecumlegal.es.

No se admitirá la devolución si el código promocional ha sido manipulado y/o utilizado.

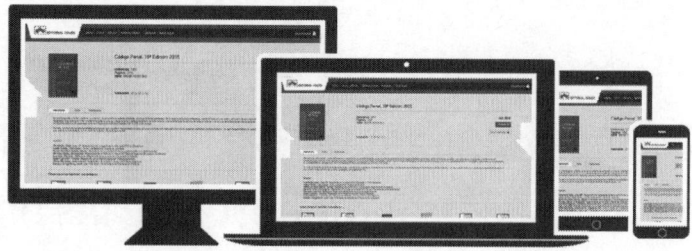

¡Gracias por confiar en nosotros!

La obra que acaba de adquirir incluye de forma gratuita la versión electrónica. Acceda a nuestra página web para aprovechar todas las funcionalidades de las que dispone en nuestro lector.

Funcionalidades eBook

Acceso desde cualquier dispositivo con conexión a internet

Idéntica visualización a la edición de papel

Navegación intuitiva

Tamaño del texto adaptable

Síguenos en: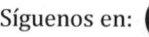

INSTALACIÓN DE ASCENSORES

Problemáticas y soluciones a la instalación de ascensores en las comunidades de propietarios

INSTALACIÓN DE ASCENSORES

Problemáticas y soluciones a la instalación de ascensores en las comunidades de propietarios

EDICIÓN 2024

Obra realizada por el Departamento de Documentación de Iberley

COLEX 2024

© Editorial Colex, S.L.
Calle Sol, número 20, bajo
A Coruña, C.P. 15003
info@colex.es
www.colex.es

I.S.B.N.: 978-84-1194-538-7
Depósito legal: C 1202-2024

SUMARIO

1.
LA INSTALACIÓN DE ASCENSORES EN LAS COMUNIDADES DE PROPIETARIOS

El ascensor como elemento común

Una de las materias que genera mayores conflictos en las comunidades de propietarios es el servicio de ascensor, especialmente cuando se realiza una instalación *ex novo*. Los mayores conflictos surgen por el coste que supone la instalación y el mantenimiento del servicio, lo que lleva a que en muchos casos existan copropietarios que se oponen a la instalación y al pago de los gastos que derivan de la misma.

La naturaleza del ascensor es, sin lugar a dudas, la de elemento común, tal y como reconoce el art. 396 del CC que en la enumeración que realiza de los elementos comunes incluye los ascensores, así como los recintos destinados a estos. La **consideración como elemento común** resulta determinante en cuanto a la adopción de acuerdos con relación a la instalación o sustitución del ascensor y a establecer quienes deben contribuir a los gastos de instalación y mantenimiento.

Ahora bien debemos tener en consideración que este servicio presenta una serie de características especiales cuando la finalidad del mismo sea la **supresión de barreras arquitectónicas** en el edificio, ya que en este caso deberá encuadrarse en la normativa que establece la obligación del Estado de favorecer la accesibilidad universal la cual aparece definida en el Real Decreto Legislativo 1/2013, de 29 de noviembre, por el que se aprueba el Texto Refundido de la Ley General de derechos de las personas con discapacidad y de su inclusión social y que define la accesibilidad universal como la condición que deben cumplir los entornos, procesos, bienes, productos y servicios, así como los objetos, instrumentos, herramientas y dispositivos para ser comprensibles, utilizables y practicables por todas las personas en condiciones de seguridad y comodidad y de la forma más autónoma y natural posible.

En este ámbito también tiene especial transcendencia el concepto de «ajustes razonables», el cual se define en la norma antes referenciada, entendiendo que los mismos son aquellas modificaciones y adaptaciones necesarias y adecuadas del ambiente físico, social y actitudinal a las necesidades específicas de las personas con discapacidad que no impongan una carga desproporcionada o indebida, cuando se requieran en un caso particular de manera eficaz y práctica, para facilitar la accesibilidad y la participación y para garantizar a las personas con discapacidad el goce o ejercicio, en igualdad de condiciones con las demás, de todos los derechos.

1.1. Mayorías necesarias

El art. 17.2 de la LPH establece la mayoría que se requiere para la realización de obras o el establecimiento de nuevos servicios comunes cuya finalidad sea la supresión de barreras arquitectónicas que dificulten el acceso o movilidad de personas con discapacidad.

Para la adopción de estos acuerdos se requiere el **voto favorable de la mayoría de los propietarios** que, a su vez, **representen la mayoría de las cuotas de participación**. La instalación del ascensor se ajustará siempre a esta mayoría, sin perjuicio de la especialidad que se recoge en el art. 10.1.b) de la LPH.

A TENER EN CUENTA. En los casos previstos en el art. 17.2 de la LPH la mayoría requerida será siempre la misma con independencia de que sea necesario modificar el título constitutivo o los estatutos.

En estos casos una vez adoptados válidamente los acuerdos para realizar las obras de accesibilidad, la **comunidad** quedará **obligada al pago** de los gastos, **aun cuando su importe repercutido anualmente exceda de doce mensualidades ordinarias de gastos comunes**.

Con relación a todos aquellos acuerdos de la comunidad de propietarios que estén directamente asociados con el acuerdo de instalación, la mayoría que se requiere es la misma, siendo por tanto necesario que se aprueben con el voto favorable de la mayoría de los propietarios, que, a su vez, representen la mayoría de las cuotas de participación, incluso en los supuestos en los que sea necesario la modificación del título constitutivo o de los estatutos. Esta **doctrina jurisprudencial** se estableció por el TS en la **sentencia, rec. 2029/2006, de 13 de septiembre, ECLI:ES:TS:2010:4859**, que en el fallo establece:

> «Se declara como doctrina jurisprudencial que para la adopción de los acuerdos que se hallen directamente asociados al acuerdo de instalación del ascensor, aunque impliquen la modificación del título constitutivo, o de los estatutos, se exige la misma mayoría que la Ley de Propiedad Horizontal exige para el acuerdo principal de instalación del ascensor».

CUESTIÓN

¿Qué mayoría se requiere para el acuerdo por el que se excluya algún propietario de los gastos de instalación de un ascensor?

Conforme establece la SAP de Palencia n.º 209/2023, de 20 de octubre, ECLI:ES:APP:2023:315, para la adopción de este tipo de acuerdos al estar directamente asociado al acuerdo de instalación se requiere la misma mayoría que la establecida en la LPH para este acuerdo. Ello con independencia de que implique la modificación del título constitutivo o de los estatutos.

1.2. Personas con discapacidad o mayores de 70 años

La LPH en su art. 10 establece una serie de **obras que tienen carácter obligatorio** y que para realizarse **no requieren del acuerdo previo de la junta de propietarios**. Entre esas obras de obligatoria realización se recoge en el art. 10.1.b) de la LPH las que resulten necesarias para garantizar los ajustes razonables en materia de **accesibilidad universal**.

Tendrán carácter **obligatorio**, en todo caso, las obras que sean requeridas por el propietario de la vivienda o local en la que vivan, trabajen o presten servicios voluntarios, **personas con discapacidad o mayores de 70 años**.

El objeto de las obras ha de ser asegurarles un uso adecuado a sus necesidades de los elementos comunes, así como la instalación de rampas, ascensores u otros dispositivos mecánicos y electrónicos que favorezcan la orientación o su comunicación con el exterior.

Ahora bien, esta obligatoriedad se encuentra **limitada en la LPH**, señalando el mentado precepto que el **importe repercutido anualmente** de las obras, una vez descontadas las subvenciones o ayudas públicas, **no podrá exceder de doce mensualidades ordinarias de gastos comunes**. Puntualiza el art. 10.1.b) que no eliminará el carácter de obligatorio de estas obras el hecho de que el resto de su coste, más allá de las citadas mensualidades, sea asumido por quienes las hayan requerido. Con relación a esta limitación de la obligatoriedad se ha pronunciado la **SAP de Gipuzkoa n.º 240/2020, de 13 de marzo, ECLI:ES:APSS:2020:1385** en la que se establece:

> «(...) debemos tener en cuenta que esta via no es en ningún caso obligatoria para la Comunidad, pues aunque el citado articulo permite realizar obras de instalación de ascensor en los supuestos que en el mismo se indican, ello es posible siempre que el importe repercutido anualmente de las mismas, una vez descontadas las subvenciones o ayudas públicas, no exceda de doce mensualidades ordinarias de gastos comunes, lo que significa que si el importe de la obra excede de dicho limite, como resulta probable en el caso que nos ocupa a tenor del coste estimado de la obra que se pretende realizar, los propietarios requirentes de la obra habrían de asumir el coste del exceso, y precisamente por ello se reconoce en la LPH a los propietarios que estén interesados en la instalación del ascensor pero que no quieran o no puedan afrontar el coste del exceso del limite señalado en el articulo 10.1 b), la posibilidad de someter el asunto a la Junta de Propietarios conforme prevé el articulo 17.2 LPH».

> **A TENER EN CUENTA.** También será obligatorio realizar las obras cuando las ayudas públicas a las que la comunidad pueda tener acceso alcancen el 75 % del importe de las mismas.

La finalidad de las obras previstas en este precepto no es la de dotar el edificio de una accesibilidad universal, sino que su objeto es mejorar la accesibilidad para la persona con discapacidad o mayor de 70 años. Así lo ha declarado la Audiencia Provincial de Las Palmas de Gran Canaria en la **sentencia n.º 1248/2023, de 30 de noviembre, ECLI:ES:APGC:2023:2283**, en la cual ante una comunidad que no realizaba las obras requeridas alegando que el ascensor no daría servicio a todas las plantas, el tribunal señala:

> «(...) con o sin acuerdo, con o sin accesibilidad universal, la comunidad está obligada a ejecutar las obras que permitan la accesibilidad al exterior de la demandante (incluso las que mejoren sustancialmente esa accesibilidad —a veces el ascensor ha de tener accesos entre distintos rellanos, como alega la comunidad en este caso para la entreplanta, que puede mejorar su accesibilidad ascendiendo hasta el primero y descendiendo por escalera a la entreplanta—), incluso si éstas sólo permiten su accesibilidad y no las del resto de los ocupantes de pisos o locales, con el límite de coste ya establecido y permitiendo a la demandante asumir el exceso sobre ese coste».

En este punto se hace necesario delimitar el ámbito del art. 10.1.b) de la LPH y del art. 17 del mismo texto legal, cuando el solicitante sea una persona con discapacidad o mayor de 70 años. Ambos preceptos se refieren a la realización de obras que mejoren la accesibilidad del edificio señalándose en el primero que no se precisa acuerdo y el segundo exigiendo acuerdo de la mayoría de los propietarios, que a su vez represente la mayoría de cuotas, pero esto no debe llevarnos a concluir que estas disposiciones sean contradictorias, y ello porque cada una despliega sus efectos en situaciones distintas, de tal forma que:

- **Si el coste de la obra no supera las doce mensualidades,** bien porque el coste sea inferior, bien porque el interesado asuma el exceso, **la obra será obligatoria y no precisará acuerdo de la comunidad.**

- **Si el coste de la obra es superior a doce mensualidades y ese exceso no lo asume el interesado** será necesario acuerdo con las **mayorías establecidas en el art. 17. 2 de la LPH.**

RESOLUCIÓN RELEVANTE

SAP de Granada n.º 333/2023, 27 de julio, ECLI:ES:APGR:2023:962

«Los referidos artículos no son contradictorios, según resulta del art 10, estas obras no precisan de acuerdo de la comunidad cuando "el importe repercutido anualmente de las mismas, una vez descontadas las subvenciones o ayudas públicas, no exceda de doce mensualidades ordinarias de gastos comunes." Pero si el coste es superior, las obras seguirán siendo necesarias y no requerirán de acuerdo comunitario si el coste que exceda de las citadas mensualidades, es asumido por quienes las hayan requerido. La filosofía es clara: si el coste para la comunidad no supera esa barrera, bien porque el coste de la obra en sí sea inferior, bien porque el interesado lo asuma, la obra será obligatoria y no precisará de acuerdo de la comunidad. Por contra, si el coste de la obra es superior a doce mensualidades y dicho exceso no lo asume el interesado, la obra "requerirá el voto favorable de la mayoría de los propietarios, que, a su vez, representen la mayoría de las cuotas de participación". Y en tal caso, "la comunidad quedará obligada al pago de los gastos, aun cuando su importe repercutido anualmente exceda de doce mensualidades ordinarias de gastos comunes."».

El apartado 2 del art. 10 de la LPH establece una serie de especialidades con relación a estas obras obligatorias señalando respecto a la **contribución a los gastos** de las obras lo siguiente:

- Serán costeadas por los propietarios de la correspondiente comunidad o agrupación de comunidades, limitándose el acuerdo de la junta a la distribución de la **derrama** pertinente y a la determinación de los términos de su abono.

- Los pisos o locales quedarán afectos al pago de los gastos derivados de la realización de dichas obras o actuaciones en los mismos términos y condiciones que los establecidos en el art. 9 de la LPH para los gastos generales.

> **A TENER EN CUENTA.** Los propietarios que se opongan o demoren injustificadamente la ejecución de las órdenes dictadas por la autoridad competente responderán individualmente de las sanciones que puedan imponerse en vía administrativa [art. 10.2.b) de la LPH].

CUESTIÓN

En una comunidad de propietarios se va a realizar una obra de accesibilidad de las consideradas obligatorias. ¿Es necesario que se someta a votación de la junta la financiación y la empresa encargada de la obra?

No, en este sentido se ha pronunciado la AP de Madrid en la sentencia n.º 691/2023, de 14 de diciembre, ECLI:ES:APM:2023:19996, en la que señala:

«Se hace constar en el acta de la Junta que los propietarios disidentes manifiestan su disconformidad con la interpretación de la Ley, porque entienden que el carácter obligatorio de los trabajos, no les priva de su derecho a votar el presupuesto y financiación más conveniente. Se contesta sobre dicha cuestión y así consta en el acta de la Junta, que la Ley expresamente refleja que dichas actuaciones "no serán sometidas a votación", por lo que son los promotores de la obra los que ostentan la capacidad de aceptar el presupuesto que consideren conveniente. En cuanto a la financiación, la comunidad deberá acogerse a los plazos negociados con el constructor y la entidad financiera con la que éste tenga concertada dicha financiación. Se recoge expresamente en el acta, que los propietarios que han pedido el cese del administrador, manifiestan su voto en contra respecto de dicha interpretación a los efectos jurídicos oportunos.

Del contenido del acta, la Sala no aprecia que se haya producido una vulneración de la Ley de Propiedad Horizontal. No se adopta acuerdo alguno sobre la instalación del ascensor, dado su carácter obligatorio, al ocupar las viviendas personas mayores de 70 años. Sobre la necesidad de contar con el voto favorable de los demandantes sobre la financiación y la empresa encargada del ascensor, debemos estar a lo dispuesto por el art. 10-2, A) de la Ley de Propiedad Horizontal: Serán costeadas por los propietarios de la correspondiente comunidad o agrupación de comunidades, limitándose el acuerdo de la Junta a la distribución de la derrama pertinente y a la determinación de los términos de su abono. La Ley no establece la obligatoriedad de un acuerdo sobre financiación de las obras y elección de la empresa que realice la instalación, en los términos solicitados en la demanda, siempre que el fraccionamiento de las cantidades a abonar por las obras, cumpla el requisito económico exigido por el art. 10-1, b) anteriormente transcrito».

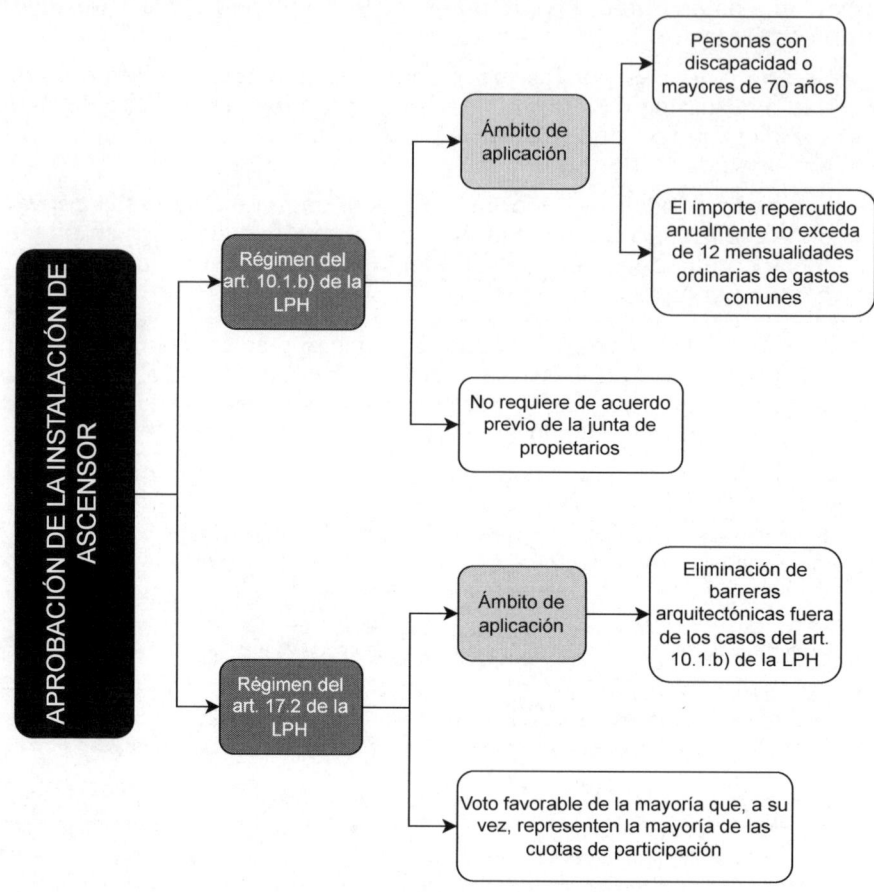

2.
LAS POSIBLES SERVIDUMBRES PARA LA INSTALACIÓN DEL ASCENSOR

Cuando se lleva a cabo la instalación de un ascensor en una comunidad de propietarios puede darse la circunstancia de que el hueco de las escaleras no sea lo suficientemente grande como para albergar la nueva instalación, por lo que sería necesario, para poder llevar a cabo la obra, **ocupar espacios privativos** de uno o varios propietarios.

A pesar de que lo recomendable sería llegar a un acuerdo con el propietario o propietarios afectados, en ocasiones el consenso se hace inviable, haciendo necesario recurrir a una «expropiación» de la superficie necesaria.

Esta ocupación de zonas privativas, a la que el Tribunal Supremo **se refiere como servidumbre**, encuentra su fundamentación jurídica en el art. 9.1 de la Ley de Propiedad Horizontal, que en su apartado c) dispone que entre las obligaciones de los propietarios se encuentra la de:

> «Consentir en su vivienda o local las reparaciones que exija el servicio del inmueble y permitir en él las servidumbres imprescindibles requeridas para la realización de obras, actuaciones o la creación de servicios comunes llevadas a cabo o acordadas conforme a lo establecido en la presente Ley, teniendo derecho a que la comunidad le resarza de los daños y perjuicios ocasionados».

Además, hay que recordar que tal y como establece la **sentencia de la Audiencia Provincial de A Coruña n.º 176/2023, de 23 de mayo, ECLI:ES:APC:2023:1252**: «(...) se ha afirmado por el Tribunal Supremo que "la doctrina jurisprudencial de esta Sala, viene realizando una interpretación flexible de la Ley de Propiedad Horizontal en orden a favorecer la nueva instalación de estos aparatos elevadores, y con ella la mejora del inmueble, en aquellos supuestos en donde dicha instalación, cumple además la finalidad de facilitar el acceso o la movilidad de las personas en situación de discapacidad..." [TS. 19 de septiembre de 2014 (Roj: STS 3859/2014, recurso 1189/2012)]».

2.1. Evolución histórica de la regulación de las servidumbres

El art. 11 de la LPH (actualmente derogado) en su versión dada por la Ley 8/1999, de 6 de abril, recogía que las innovaciones que hiciesen inservible alguna parte del edificio para el uso y disfrute de un propietario requerirían el consentimiento expreso de este. Dicho artículo, que fue derogado por la Ley 8/2013, de 26 de junio, no permitía la constitución de servidumbres en zonas privativas para la instalación del ascensor, haciendo necesario el acuerdo con el propietario afectado.

Pero, incluso antes de la derogación de este artículo, el Tribunal Supremo había reconocido la posibilidad de establecer una servidumbre ocupando un espacio privativo cuando fuera necesario para poder instalar el ascensor, y así podemos citar, por ejemplo, la **STS n.º 732/2011, de 10 de octubre, ECLI:ES:TS:2011:6853**, en la cual:

> «(...) se fija como doctrina jurisprudencial que la **instalación de un ascensor en una comunidad de vecinos** que carece de este servicio, considerado como de interés general, **permite la constitución de una servidumbre con el oportuno resarcimiento de daños y perjuicios**, incluso cuando suponga la ocupación de parte de un espacio privativo, siempre que concurran las mayorías exigidas legalmente para la adopción de tal acuerdo, sin que resulte preceptivo el consentimiento del copropietario directamente afectado, y que el gravamen impuesto no suponga una pérdida de habitabilidad y funcionalidad del espacio privativo».

En la mentada sentencia, el Alto Tribunal valora los siguientes aspectos:

- El acuerdo de la junta de la comunidad de propietarios fue debidamente adoptado, con las mayorías exigidas legalmente.
- Está acreditada la necesidad de instalar el ascensor, tanto por la edad avanzada de varios propietarios, como por los problemas de movilidad de algunos.
- No es posible, técnicamente hablando, instalar el ascensor por otra vía.
- Dada la escasa entidad de la superficie afectada, no resulta inutilizada, ni funcional ni económicamente, la vivienda afectada.

Tras la derogación de este artículo en junio de 2013, se regula una situación que además de ser admitida por nuestros tribunales, también había sido ya incluida en algunas legislaciones autonómicas.

2.2. Requisitos

Dado el choque de derechos que se da entre el propietario que no quiere que se vea afectado su derecho a la propiedad y la comunidad de propietarios que quiere instalar el ascensor, es necesario tener muy claro cuáles son los requisitos que permiten que se pueda constituir una servidumbre al amparo del art. 9.1.c) de la LPH.

El punto de partida lo podemos encontrar en la **sentencia del Tribunal Supremo n.º 148/2016, de 10 de marzo, ECLI:ES:TS:2016:979**, que destaca la necesidad de **ponderar los bienes jurídicos protegidos**:

«(i) Constituye un hecho incuestionable la posibilidad de actualizar las edificaciones de uso predominantemente residencial mediante la incorporación de nuevos servicios e instalaciones para hacer efectiva la accesibilidad y movilidad de los inquilinos.

(ii) Lo que se cuestiona es si esa necesidad, en este caso de instalación de ascensor, que tienen los propietarios de viviendas, es un derecho de la Comunidad sin limitaciones, por el que, existiendo el quórum legal exigido, se pueda obligar a un copropietario a ceder parte de la propiedad de su local para la instalación del ascensor.

(iii) La respuesta es afirmativa, pero con matices. Se **ha de dar a partir de la ponderación de los bienes jurídicos protegidos**: el del propietario a no ver alterado o perturbado su derecho de propiedad y el de la comunidad a instalar el ascensor, teniendo en cuenta el alcance de esa afección sobre el elemento privativo respecto a que pueda impedir o mermar sustancialmente su aprovechamiento. Esto es, se trata de apreciar si la afección va más allá de lo que constituye el verdadero contenido y alcance de la servidumbre como limitación o gravamen impuesto sobre un inmueble en beneficio de otro perteneciente a distinto dueño, según el artículo 530 CC, y no como una posible anulación de los derechos del predio sirviente que concibe una desaparición de la posibilidad del aprovechamiento que resulta a su favor en el artículo 3a) de la Ley (STS de 15 diciembre 2010).

(iv) La ocupación de un espacio privativo, en el que difícilmente concurriría el consentimiento del vecino afectado, no puede suponer una privación del derecho de propiedad al extremo de suponer una pérdida de habitabilidad y funcionalidad de su espacio privativo (STS de 22 diciembre de 2010)».

Como **requisitos** fijados por la jurisprudencia para poder establecer una servidumbre a pesar de la oposición del propietario afectado podemos destacar los cuatro siguientes:

— La **instalación** del ascensor ha de considerarse **necesaria y requerida para la habitabilidad** y uso del inmueble.

— La servidumbre **no** puede suponer la **pérdida de habitabilidad y funcionalidad** de la **vivienda o local** afectado.

— Debe **indemnizarse** debidamente al **propietario perjudicado**.

— Los **acuerdos** adoptados deben de contar con las **mayorías legalmente establecidas**.

La **Audiencia Provincial de A Coruña, en su sentencia n.º 398/2023, de 26 de octubre, ECLI:ES:APC:2023:2548**, se pronuncia sobre los requisitos exigidos a la hora de constituir una servidumbre, y realiza el siguiente resumen:

«(...) este tribunal también se ha pronunciado sobre esta cuestión en la sentencia 319/2021, de 19 de octubre en la que se decía que " Con carácter general y específicamente en el ámbito de aplicación de la llamada Propiedad Horizontal, por la que se rigen en su esfera interna las comunidades de propietarios litigantes, la obra consistente en la instalación de un ascensor en el edificio comunitario, para eliminar las barreras arquitectónicas que dificulten el acceso o la movilidad de las personas en situación de discapacidad, a fin de garantizar o mejorar la accesibilidad y la plena habitabilidad del inmueble, **ha de reputarse una actuación de interés general, necesaria y exigible** (SS TS 6 mayo 2013 , 10 febrero 2014 , 10 marzo 2016 y 21 junio 2018), que además **permite la constitución de una servidumbre** sobre la superficie ocupada por el ascensor, con el oportuno resarcimiento de daños y perjuicios, incluso cuando suponga la ocupación de parte de un espacio privativo, siempre que concurran **las mayorías exigidas legalmente** para la adopción de tal acuerdo, sin que resulte preceptivo el consentimiento del copropietario directamente afectado, y que el gravamen impuesto **no suponga una pérdida de habitabilidad y funcionalidad de ese bien privativo** (SS TS 22 diciembre 2010, 10 octubre 2011, 20 julio 2012 y 17 octubre 2013) (...)».

Consideración de la instalación del ascensor como necesaria

El Tribunal Supremo ha determinado en distintas ocasiones que no debe tratarse de una obra simplemente de mejora, sino que debemos estar ante una obra necesaria y requerida para la habitabilidad y uso total del inmueble, y en este sentido, por ejemplo, podemos citar la **STS n.º 381/2018, de 21 de junio, ECLI:ES:TS:2018:2387**, mentada también en la reciente **STS n.º 152/2024, de 6 de febrero, ECLI:ES:TS:2024:475**, en la que podemos leer que:

«La instalación del ascensor, y aquí la ampliación de su trayectoria («a cota cero»), ha de reputarse no solo exigible, sino también necesaria y requerida para la habitabilidad y uso total del inmueble, impuesta por la normalización de su disfrute por todos los vecinos, y no como una simple obra innovadora de mejora (sentencias 797/1997, de 22 de septiembre , y 929/2006, de 28 de septiembre); accesibilidad que está presente tanto cuando se instala ex novo el ascensor, como cuando se modifica de forma relevante para bajarlo a «cota cero» (...)».

En el mismo sentido, también la **sentencia de la Audiencia Provincial de Gipuzkoa n.º 75/2023, de 27 de enero, ECLI:ES:APSS:2023:711**, recuerda la doctrina del Supremo, y considera la instalación del ascensor como una obra necesaria.

RESOLUCIONES RELEVANTES

Sentencia de la Audiencia Provincial de Bizkaia n.º 751/2023, de 28 de noviembre, ECLI:ES:APBI:2023:949

Asunto: Interés general de la instalación del ascensor

«El interés general, con referencia a las fincas antiguas, resulta de ser el ascensor un elemento esencial de presente y de futuro para favorecer la movilidad de las personas que residen en el inmueble, que redunda en beneficio, sin excepción, de todas ellas, tanto de quienes por razón de la edad o de las circunstancias físicas, temporales o permanentes, están incapacitados para acceder a las viviendas, especialmente, a

las más altas, como del bienestar general y material, en cuanto implica una revalorización de las viviendas y se asimila en cierto modo al concepto de "barreras arquitectónicas", que es posible y necesario suprimir».

Sentencia de la Audiencia Provincial de Navarra n.º 315/2022, de 9 de mayo, ECLI:ES:APNA:2022:553

Asunto: Carácter imprescindible de la servidumbre

«Por su parte, la STS 633/2011, de 4 de octubre, incidía en el elemento del carácter imprescindible de la constitución de servidumbre sobre un elemento privativo de una de los copropietarios fin de llevar a cabo la obra de instalación del ascensor: "El régimen jurídico impuesto en la Ley de Propiedad Horizontal permite que los elementos privativos estén sujetos, en beneficio de los demás y de la comunidad, a determinadas limitaciones, como son las impuestas en el artículo 9.1 c) consistentes en "consentir en su vivienda o local las reparaciones que exija el servicio del inmueble y permitir en él las servidumbres imprescindibles requeridas para la creación de servicios comunes de interés general acordados conforme a lo establecido en el artículo 17 , teniendo derecho a que la comunidad le resarza de los daños y perjuicios ocasionados" . Supone que la Comunidad puede exigir de uno o de varios copropietarios la constitución de servidumbres permanentes sobre los elementos de uso privativo para la creación de servicios comunes si estos son imprescindibles para la ejecución". En el mismo sentido la STS 819/2010, de 15 de diciembre: " Supone que la Comunidad puede exigir de uno o de varios copropietarios la constitución de servidumbres permanentes sobre los elementos de uso privativo para la creación de servicios comunes si estos son imprescindibles para la ejecución de los acuerdos aprobados con las mayorías necesarias y responden a un interés general de todos los comuneros"».

También es importante recordar la trascendencia de impugnar debidamente el acta en la que se acuerde la instalación del ascensor y el proyecto, ya que lo contrario puede conllevar una desestimación de la acción, y en este sentido podemos citar la **sentencia de la Audiencia Provincial de Madrid n.º 577/2023, de 14 de diciembre, ECLI:ES:APM:2023:18863,** en la que desestiman la alegación sobre la no necesidad de la obra por no haberse impugnado el acuerdo comunitario:

«(...) no es estimable la alegación del recurso relativa a la no necesidad de la obra de ampliación de trayectoria del ascensor o de ocupación de superficie no consentida, desde el momento en que, no habiéndose dilucidado mediante impugnación judicial de acuerdos comunitarios ejecutivos la posible existencia de alternativas constructivas, de la viabilidad urbanística y el proceso de licencia, el perjuicio reclamable por la propiedad afectada por una limitación de carácter permanente y no general a todos los comuneros se circunscribe a la señalada indemnización de daños, a determinar en proceso separado, de resultar procedente, ya que para esta reclamación no se precisa de la expresa oposición a los acuerdos de realización de obras. Tal y como reseña la SAP Madrid Sección 14.ª de 12 de febrero de 2015 "La reclamación de ese resarcimiento es del todo independiente de la eventual oposición del interesado a la ejecución de la obra en la Junta en que se hubiere aprobado, máxime cuando el mismo art. 9.1.c L.P.H. le impone el deber de consentir las obras en cuestión. Y no existe precepto legal, ni se invoca por la apelante, que obligue al interesado a anticipar o anunciar su pretensión de resarcimiento al tiempo de la Junta."».

CUESTIÓN

¿Puede considerarse necesaria la bajada del ascensor a cota cero si ya existía una plataforma elevadora?

Para responder esta cuestión podemos citar la sentencia de la Audiencia Provincial de Valladolid n.º 434/2023, de 3 de noviembre, ECLI:ES:APVA:2023:2008, que rechaza la alegación sobre la no necesidad de la obra a pesar de haberse realizado unos años antes la obra para instalar una plataforma elevadora en los siguientes términos:

«Es cierto que en el año 2017, también por acuerdo de la COMUNIDAD, se instaló una plataforma elevadora. Pero también es cierto que dicha solución ha resultado ser insuficiente, incómoda e insegura, tal y como se desprende del informe pericial y del testimonio del administrador. Insuficiente, porque no resuelve la otra barrera de accesibilidad que suponen los escalones existentes entre el rellano donde está el ascensor y el garaje. Incómoda e insegura, dada la estrechez de la escalera y la propia forma de funcionamiento de la plataforma, porque la utilización de la plataforma impide el uso simultáneo de la escalera a otros vecinos y porque exige la presencia de dos personas para su manejo seguro.

La instalación de la plataforma en el año 2017 debe considerarse así, como un primer paso, por lo que se ha visto después insuficiente, para soslayar las barreras arquitectónicas existentes, que no puede condicionar la adopción posterior de otras medidas más adecuadas e integrales como la medida de bajada del ascensor a cota cero».

No suponer la pérdida de habitabilidad y funcionalidad de la vivienda o local afectado

Nuestro Alto Tribunal se ha pronunciado sobre este requisito en distintas ocasiones, pudiendo destacar la **STS n.º 148/2016, de 10 de marzo, ECLI:ES:TS:2016:979**, que recoge que hay que tener en cuenta el alcance de la afección sobre el elemento privativo respecto a que pueda impedir o mermar sustancialmente su aprovechamiento, y citando distintas sentencias señala:

«(...) se trata de apreciar si la afección va más allá de lo que constituye el verdadero contenido y alcance de la servidumbre como limitación o gravamen impuesto sobre un inmueble en beneficio de otro perteneciente a distinto dueño, según el artículo 530 CC, y no como una posible anulación de los derechos del predio sirviente que concibe una desaparición de la posibilidad del aprovechamiento que resulta a su favor en el artículo 3a) de la Ley (STS de 15 diciembre 2010).

(iv) La ocupación de un espacio privativo, en el que difícilmente concurriría el consentimiento del vecino afectado, **no puede suponer una privación del derecho de propiedad al extremo de suponer una pérdida de habitabilidad y funcionalidad de su espacio privativo** (STS de 22 diciembre de 2010)».

No será posible obligar al propietario a establecer la servidumbre sin su consentimiento si la afección sobre el bien privativo supone una pérdida de habitabilidad o funcionalidad, así lo ha declarado el **Tribunal Supremo en la sentencia n.º 435/2023, de 29 de marzo, ECLI:ES:TS:2023:1250**:

> «(...) (ii) cuando un propietario se ve afectado perjudicialmente por dicha incorporación es necesario realizar un **juicio de ponderación** entre los intereses jurídicos protegidos y que entran en conflicto, el del propietario a no ver alterado o perturbado su derecho de propiedad y el de la comunidad a instalar un ascensor, en el que se tenga en cuenta el alcance de esa afección sobre el elemento privativo; (iii) si dicha afección va más allá de lo que constituye el verdadero contenido y alcance de la servidumbre como limitación o gravamen impuesto sobre un inmueble en beneficio de otro perteneciente a distinto dueño, según el art. 530 CC, por suponer una **pérdida de la habitabilidad o funcionalidad** del elemento privativo que conlleva la desaparición, impide o merma de forma significativamente sustancial la posibilidad del aprovechamiento que resulta a su favor conforme a lo establecido por el art. 3.a) LPH, **la instalación no podrá llevarse a cabo sin el consentimiento del afectado; (iv) fuera de estos casos, el interés individual del propietario no podrá desplazar el interés general de la comunidad** en que la instalación se lleve a cabo, cuando el acuerdo de la junta reúna los presupuestos legales, pero con el oportuno resarcimiento a aquel de los daños y perjuicios ocasionados (...)».

Hay que destacar que la carga de la prueba de la pérdida de habitabilidad y funcionalidad corresponde al propietario que la alegue, y así podemos citar la **sentencia de la Audiencia Provincial de Alicante n.º 261/2023, de 9 de mayo, ECLI:ES:APA:2023:1108**, que a pesar de las alegaciones del propietario perjudicado referentes a que la superficie inutilizada sería mucho mayor que la recogida en el informe, rechaza las mismas por entender que no ha acreditado dicha pérdida de funcionalidad:

> «Partiendo pues de dicho aprovechamiento comercial, también diremos que correspondía a los recurrentes demostrar cual sería el grado de pérdida de funcionalidad del referido inmueble, lo cual tampoco ha acontecido, pues en su demanda se limitan a afirmar que si se instala un ascensor con unas medidas de cabina como las que propone la empresa Alapont en el presupuesto aprobado por la comunidad, la ocupación de espacio privativo no sería de 5,75 m2 sino "mucho mayor"(sic), afirmación que no está respaldada por ninguno de los informes técnicos obrantes en las actuaciones (...)».

CUESTIÓN

Si la propiedad afectada por la servidumbre pertenece a un local comercial, pero justifica que tenía solicitado administrativamente el cambio de uso, para la consideración como vivienda, ¿debe tenerse en cuenta dicha solicitud a la hora de valorar la posible pérdida de habitabilidad y funcionalidad? ¿Influye el hecho de que ya se encuentre residiendo en el local?

No, remitiéndonos a lo dispuesto en la sentencia de la **Audiencia Provincial de Alicante n.º 261/2023, de 9 de mayo, ECLI:ES:APA:2023:1108**, dicha solicitud no será tenida en cuenta ya que aún no existe cédula de habitabilidad ni se acredita la viabilidad de la misma, y el uso irregular como vivienda no puede ser valorado.

«Por otra parte, es fundamental dejar constancia que, pese a los esfuerzos argumentativos de la parte actora, el espacio afectado por el acuerdo impugnado lo es de un local comercial de 120 m2, no de una vivienda, sin que el mero cambio de uso que tiene solicitado a la Administración cambie la condición habitacional de la finca, pues no ha quedado probado que el local reúna las condiciones necesarias para obtener la licencia de primera ocupación y la correspondiente cédula de habitabilidad, ni existe en las actuaciones el correspondiente estudio de viabilidad que acredite que el espacio existente cumple con los requisitos de accesibilidad y salubridad, cuales son las condiciones de iluminación y ventilación, etc., como tampoco cuenta con el necesario acuerdo sobre el particular de la Comunidad demandada. En este sentido, es irrelevante que uno de los actores use dicha finca como vivienda, pues se trataría de un uso irregular y no autorizado que por ello no puede hacer valer frente a terceros, como tampoco podría ser valorado en una eventual indemnización del espacio ocupado por la instalación ahora combatida».

La indemnización al propietario perjudicado

Otro de los requisitos indispensables para poder establecer una servidumbre que permita la instalación del ascensor es el oportuno resarcimiento de daños y perjuicios, es decir, debe indemnizarse al propietario afectado por la pérdida que supone la mentada servidumbre. En concreto deberá valorarse:

– El precio de los metros cuadrados ocupados.

– La posible depreciación del local.

– Los gastos de adaptación.

El Tribunal Supremo se refiere a este indiscutible requisito en numerosas ocasiones, pudiendo destacar la **STS n.º 637/2013, de 17 de octubre, ECLI:ES:TS:2013:5021**, en la que se citan distintas sentencias que abordan esta indemnización, y recuerda que el Alto Tribunal, en su **STS n.º 819/2010, de 15 de diciembre, ECLI:ES:TS:2010:6691**, ha avalado que se tengan en cuenta los siguientes criterios a la hora de fijar la cuantía al establecer:

«Como contraprestación a la obligación impuesta al propietario, el artículo 9.1 letra c de la LPH le reconoce al propietario afectado el derecho a ser resarcido de los daños y perjuicios causados, los cuales vienen correctamente fijados en la sentencia de 1.ª Instancia, a determinar en ejecución de sentencia, a salvo de los acuerdos a que pudieran llegar las partes, conforme a los siguientes criterios:

a) una **indemnización a precio de mercado**, según locales de iguales características y ubicados en la misma zona e idéntica localidad, correspondiente a la superficie en m2 invadida, según dictamen pericial, incluida la superficie de vuelo que se va a ocupar y calculada conforme al tiempo en que se proceda a la ejecución de las obras;

b) una **cantidad a tanto alzado por el demérito experimentado** por el local como consecuencia de su menor superficie en la zona de trastienda precisando que, a falta de acuerdo sobre dicha cantidad y siendo necesario acudir en ejecución de sentencia a la designación de un perito judicial, los gastos de todo tipo que se generen correrán a cargo de la comunidad de propietarios actora;

c) una **indemnización dineraria por todas las consecuencias** que la instalación del ascensor pueda producir a las demandadas **en la relación arrendaticia** existente en el local, debidamente acreditadas, incluidas posibles reducciones de la renta a percibir por la parte demandada durante la ejecución de las obras precisas para la instalación del ascensor u otras vicisitudes que, como consecuencia de las mismas, afecten a la relación arrendaticia y

d) una **indemnización dineraria** para el supuesto de que, como consecuencia de la ejecución de las obras precisas, se causen **daños al local** previa acreditación fehaciente de los mismos».

CUESTIONES

1. Si para realizar la cuantificación de la indemnización las partes aportan informes periciales, ¿el juez se encuentra vinculado por los mismos?

No, la valoración de los informes periciales por jueces y tribunales se realizará conforme a las reglas de la sana crítica. Así, la sentencia de la Audiencia Provincial de A Coruña n.º 352/2019, de 9 de octubre, ECLI:ES:APC:2019:2056, en un supuesto en el que se discutía el *quantum* de la indemnización, recoge con relación a los informes periciales que:

«El juicio personal o la convicción formada por el informante con arreglo a los antecedentes suministrados no vincula a jueces y tribunales, que pueden apreciar ésta según las reglas de la sana crítica, sin estar obligados a las conclusiones del perito, de las que pueden prescindir (Ts. 30 de junio de 2011). El dictamen de peritos no acredita irrefutablemente un hecho, sino simplemente el juicio personal o la convicción formada por el informante con arreglo a los antecedentes suministrados, y no vincula al Tribunal que no está obligado a sujetarse al dictamen de peritos (Ts. 3 de octubre de 2011. El apreciar en mayor medida el valor probatorio de un informe pericial frente a otros constituye una manifestación más del ejercicio de la jurisdicción y de la formulación del juicio necesario para dictar sentencia, pues frente a la disparidad de criterios periciales, es precisamente el juzgador quien, bajo el presupuesto del empleo de la sana crítica, está llamado a decidir cuál de ellos merece mayor credibilidad (Ts. 1 de junio de 2011) No hay infracción del mencionado precepto cuando el tribunal llega a unas conclusiones distintas de las de la parte recurrente, aplicando unos criterios valorativos lógicos, aunque no coincidan con las apreciaciones de dicha parte (Ts. 10 de octubre de 2011). La emisión de varios dictámenes o el contraste de algunos de ellos con las demás pruebas, posibilita que la autoridad de un juicio pericial se vea puesta en duda por la del juicio opuesto o por otras pruebas, y que, con toda lógica, los Jueces y Tribunales, siendo la prueba pericial de apreciación libre y no tasada acepten el criterio más próximo a su convicción (Ts. 28 de noviembre de 2011)».

2. ¿Puede el propietario afectado por la servidumbre contratar un arquitecto de su confianza para que supervise la obra a costa de la comunidad?

No, el coste de la contratación de un nuevo arquitecto no podría reclamarse a la comunidad de propietarios. Esta respuesta la encontramos en la sentencia de la Audiencia Provincial de Bizkaia n.º 156/2022, de 22 de abril, ECLI:ES:APBI:2022:1021, en la que se señala que: «(...) no existe base legal para obligar a la Comunidad a costear la contratación de un nuevo arquitecto para controlar la ejecución de la obra. Ya existe un proyecto técnico, se ha presentado ante el Ayuntamiento y aprobado por la Comunidad. Y ello sin perjuicio de que la Agrupación pueda ejercitar las acciones que estime oportunas si no está conforme con el resultado de la ejecución de la obra».

Cumplir con las mayorías exigidas legalmente para las votaciones de las juntas relativas a la instalación del ascensor.

La Ley de Propiedad Horizontal regula dos supuestos distintos y con mayorías distintas a la hora de acordar instalar el ascensor:

– Por un lado, en el supuesto de que la instalación sea requerida a instancia de los propietarios en cuya vivienda o local vivan, trabajen o presten servicios **personas con discapacidad o mayores de 70 años** [art. 10.1.b) de la LPH].

En este caso la obra tendrá carácter **obligatorio y no requiere acuerdo previo** de la junta de propietarios, ni aun cuando conlleve la modificación del título constitutivo o de los estatutos.

La LPH únicamente impone una **limitación**, y es que el importe repercutido por las obras necesarias para la instalación del ascensor **no exceda de 12 mensualidades ordinarias de gastos comunes**. Esta limitación no se aplica cuando las ayudas públicas a las que la comunidad pueda tener acceso alcancen el 75 % del importe de las obras.

CUESTIONES

1. ¿Se incluye el importe de las subvenciones y ayudas obtenidas para la realización de las obras?

No, para calcular el importe que le corresponde a cada propietario, y si este supera o no el límite de las 12 mensualidades, se descontarán previamente las subvenciones o ayudas públicas.

2. Si el importe supera las 12 cuotas, ¿puede el propietario solicitante asumir esa diferencia y exigir igualmente la instalación del ascensor?

Sí, el art. 10.1.b) de la LPH regula esta posibilidad y dispone que: «(...) No eliminará el carácter obligatorio de estas obras el hecho de que el resto de su coste, más allá de las citadas mensualidades, sea asumido por quienes las hayan requerido».

– Por otro lado, también se regula en la LPH, en el art. 17.2, que, sin perjuicio de lo dispuesto en el supuesto anterior, la realización de obras para eliminar barreras arquitectónicas, y la instalación del ascensor, requerirán el **voto favorable de la mayoría de los propietarios, que representen la mayoría de las cuotas de participación.**

CUESTIÓN

¿Se aplica a este supuesto el límite de las 12 cuotas?

No, en estos casos la comunidad queda obligada al pago de los gastos aun cuando su importe exceda de 12 mensualidades ordinarias de gastos comunes.

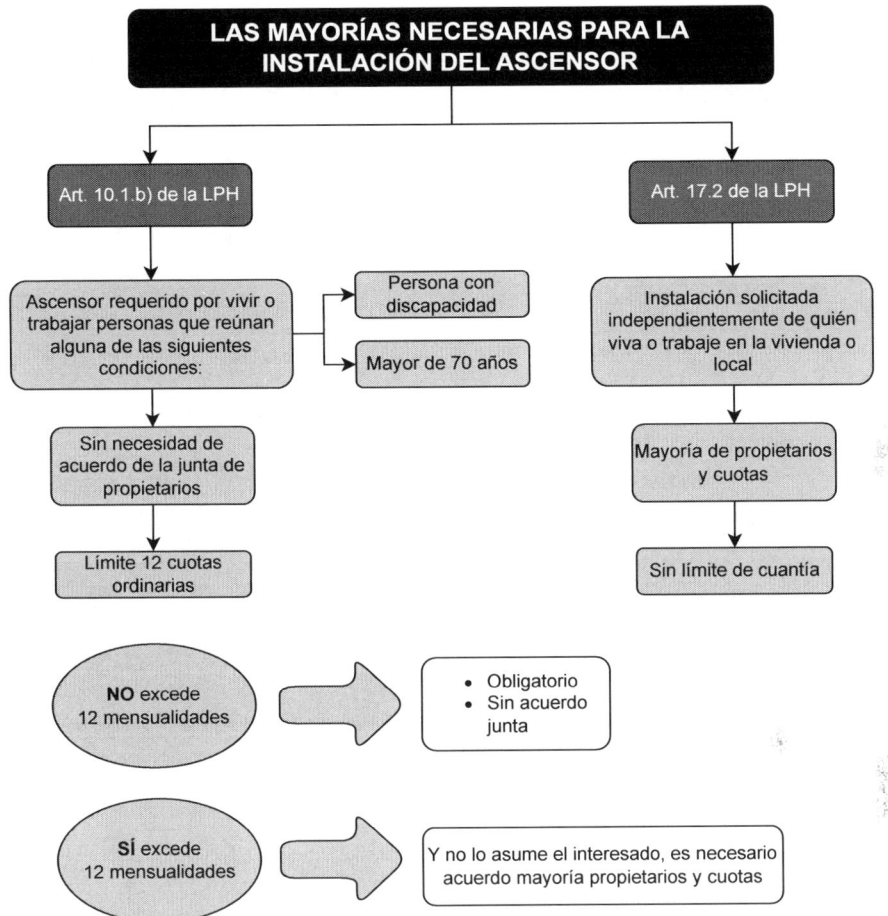

3.
EL PROCEDIMIENTO PARA LA INSTALACIÓN DEL ASCENSOR Y PARA LA CONSTITUCIÓN DE LA SERVIDUMBRE

Cuando en una comunidad de propietarios uno o varios de los propietarios quieren mejorar la accesibilidad del edificio, ya sea mediante la instalación *ex novo* de un ascensor, su bajada a cota cero, la instalación de un salvaescaleras, o cualquier otra reforma que contribuya a la eliminación de barreras arquitectónicas, deberán realizar toda una serie de pasos previos para lograr que el proceso culmine con éxito.

Estudiar la viabilidad de la obra, solicitar presupuestos y convocar la junta de propietarios

Lo primero que hay que realizar cuando se quiere instalar un ascensor es valorar la viabilidad de llevar a cabo las obras y convocar debidamente la junta de propietarios, incluyendo expresamente la instalación del ascensor como uno de los puntos a tratar en la reunión.

Hay que destacar que cuando el solicitante del ascensor es un propietario en cuya vivienda residen, trabajan o prestan servicios voluntarios personas con discapacidad o mayores de 70 años, las obras tendrán carácter obligatorio, y no requieren de acuerdo previo de la junta de propietarios, por lo que no sería indispensable votar la decisión. Si habiendo solicitado a la comunidad la instalación, esta no llevase a cabo las actuaciones oportunas, el propietario podría acudir a la vía judicial para exigir la instalación.

En el caso de que no se trate de estos supuestos, o cuando a pesar de estar en el supuesto anterior, el solicitante quiere aprobarlo en junta para evitar la limitación impuesta en el art. 10.1.b) de la LPH con relación al importe repercutido a cada propietario, que en el primer caso no podrá superar las 12 mensualidades de gastos comunes, habría que acudir al procedimiento regulado en el art. 17.2 de la LPH, según el cual sería necesario el voto favorable de la mayoría de los propietarios que representen la mayoría de las cuotas de participación.

CUESTIÓN

¿Hay que llevar a la junta algún informe técnico acerca de la instalación del ascensor?

Para salvar la posibilidad de impugnación del acta por falta de información habría que presentar algún informe, o acudir a la reunión los técnicos que puedan asesorar y facilitar toda la información necesaria a los comuneros.

Con relación a la solicitud de presupuestos, podrá llevarse a cabo antes o después de la junta. En el caso de que ya se disponga de presupuestos antes de la junta de propietarios podrán presentarse los mismos para que los vecinos valoren su voto disponiendo de más información, e incluso, si la propuesta de instalación de ascensor fuese aprobada, podrían valorarse los distintos presupuestos y, en su caso, dejar ya decidido cuál sería el presupuesto elegido.

Si en el momento de celebración de la junta, no se dispone de los presupuestos podrán solicitarse estos una vez haya sido aprobada la decisión de llevar a cabo las obras, y celebrar otra posterior para la elección del presupuesto.

CUESTIÓN

¿Puede declararse nulo un acuerdo de la junta sobre la instalación de ascensores por no haber sido debidamente convocada?

Sí, y así lo recoge la sentencia de la Audiencia Provincial de Álava n.º 758/2018, de 20 de diciembre, ECLI:ES:APVI:2018:772, en la que se señala que la carga de la prueba de la citación corresponde a la comunidad, y en este caso no ha podido acreditarse que los propietarios de los locales fueron debidamente citados, concluyendo que: «La falta de citación de las actoras es suficiente para declarar nulo el acuerdo, habiendo planteado una propuesta tan importante, la Comunidad y el Administrador de fincas debieron actuar con mayor diligencia y profesionalidad».

Elaborar un proyecto de obra y firmar el contrato de instalación

Lo habitual, una vez se ha aprobado en junta la instalación del ascensor y la empresa elegida para hacerlo, es firmar el contrato de instalación con la empresa y que esta sea la encargada de continuar con los trámites necesarios, destacando la realización del proyecto de obra.

El proyecto de obra, además de incluir datos técnicos como el tipo de ascensor, las medidas, sus características..., también incluirá las obras extraordinarias que puedan ser necesarias, tales como modificación de la escalera o incluso de alguna vivienda o local.

Es importante tener en cuenta que, una vez se ha elaborado el proyecto, sería conveniente someter el mismo a votación en alguna junta de propietarios, ya que de lo contrario podría conllevar a que se anulase el acuerdo por abuso de derecho. En este sentido cabe citar la **sentencia del Tribunal Supremo n.º 216/2019, de 5 de abril, ECLI:ES:TS:2019:1090**, en la que se consideró que existía abuso de derecho al haberse aprobado las obras sin proyecto, puesto que al no conocer los detalles de la obra se impedía el uso del derecho de defensa:

«En el recurso de casación y ya en la demanda se alegaba por los dueños de los locales, que se había aprobado la bajada del ascensor a cota 0, sin proyecto alguno que definiese la obra a realizar, lo que constituía un manifiesto abuso de derecho (art.º 18.1 c) de la LPH), en cuanto que como anunciaba la comunidad, pretendía ocupar parte del local de uno de los demandantes.

La ausencia del referido proyecto provocaba un acuerdo ausente de fundamentación, pues no se ofrecía a los comuneros información suficiente, y se desprotegía a los disidentes dejándolos indefensos, en cuanto no conocían los aspectos a impugnar de un proyecto que no existía.

Por todo ello, procede estimar el recurso de casación, y asumiendo la instancia anulamos el acuerdo de 17 de septiembre de 2014 de la comunidad de propietarios, en cuanto que se adoptó el acuerdo en manifiesto abuso de derecho, impidiendo que los demandantes pudiesen hacer uso de su legítimo de derecho de defensa, al ocultar la comunidad los términos en los que se iba a desarrollar la obra (no hubo proyecto), que previsiblemente podía afectar a los locales de los comuneros disidentes».

También la **sentencia de la Audiencia Provincial de Santa Cruz de Tenerife n.º 348/2023, de 21 de julio, ECLI:ES:APTF:2023:898,** confirma la sentencia de primera instancia considerando que:

«La sentencia, partiendo de lo establecido en el artículo 10. 1 b) y del artículo 19.1 c) de la Ley de Propiedad Horizontal, tras apreciar la efectiva necesidad de accesibilidad del inmueble y analizar las distintas propuestas para ello que las partes realizan, estima como más idónea y viable a la accesibilidad de la vivienda de la actora, la instalación de un ascensor en el patio de luces del inmueble, si bien desestima la demanda al no quedar acreditado, por no haber sido realizado, un proyecto de ejecución conforme a la normativa urbanística y al código técnico de la edificación que determine la obra a realizar, todas sus partidas, su precio y la efectiva incidencia de la misma tanto en los elementos comunes como privativos, que permita la aplicación de los preceptos legales y , en su caso, tras la ponderación de los derechos en litigio la constitución de la servidumbre que fuere necesaria y la indemnización debida».

Sin embargo, en el caso de que a pesar de no haberse llevado el proyecto a la junta, se entienda que los comuneros disponían de información suficiente, el acuerdo sería válido, y así lo podemos leer, por ejemplo, en la **sentencia de la Audiencia Provincial de Alicante n.º 258/2020, de 9 de junio, ECLI:ES:APA:2020:1441:**

«Resulta correcta igualmente la actuación de la Comunidad de Propietarios, avalada por la sentencia de instancia, cuando, tras recabar el asesoramiento técnico correspondiente, decide someter en junta a votación la instalación del ascensor para recabar el parecer de los vecinos, y muy especialmente, el de la vecina afectada, para determinar si resultaba o no necesaria la intervención judicial, como así ha sido. La falta de proyecto de obra previo a la celebración de la junta no determina la nulidad de la misma, por cuanto que no se da el supuesto analizado por el Tribunal Supremo en la sentencia expuesta más arriba, toda vez que se ha ofrecido a los comuneros información previa suficiente, no causando indefensión alguna al comunero disidente, que ha sido informado previamente de la forma de instalación del ascensor que se pretende, y que, según consta acreditado, es la única alternativa viable dadas las características del inmueble, sin que se haya acreditado por su parte la pérdida de habitabilidad y funcionalidad de la vivienda.

Y acierta igualmente la juzgadora de instancia cuando señala que el acuerdo adoptado, por sí mismo, no ampara la efectiva instalación del ascensor, sino que tan solo constituye el primer paso de un amplio proceso, en el que, evidentemente, será necesario encargar el correspondiente proyecto técnico, aprobar los presupuestos, obtener las correspondientes licencias, contratar las obras e instalaciones, y aprobar las derramas necesarias, acuerdos todos ellos en los que la actora tendrá la posibilidad de ser oída, e incluso, de impugnar lo acordado si resultara procedente».

Solicitar la licencia de obras y gestionar las posibles ayudas públicas

Una vez que se ha aprobado el proyecto, y antes de comenzar con las obras, hay que solicitar las licencias oportunas al ayuntamiento correspondiente. Normalmente será la propia empresa responsable de la instalación la que se encargue de gestionar la obtención de las mismas, ya que será el arquitecto el que asuma la función de responder a los posibles requerimientos del técnico municipal en el caso de que los hubiese.

Hay que tener en cuenta que en la actualidad existen numerosas ayudas públicas y subvenciones concedidas por las Administraciones públicas para la instalación de ascensores y la eliminación de barreras arquitectónicas. Dado el elevado importe que suelen tener estas obras es importante solicitar debidamente las mismas ya que suponen un ahorro importante en el coste de la instalación.

Realizar las obras necesarias para ejecutar el proyecto e instalar el ascensor

A continuación, la empresa debe planificar la obra y llevar a cabo todas las obras necesarias para dejar el ascensor instalado y funcionando debidamente.

En el caso de la instalación de ascensores, para su funcionamiento, es necesario inscribirlo previamente en Industria para obtener en número de Registro de Aparato Elevador (RAE).

En este sentido, el Real Decreto 355/2024, de 2 de abril, por el que se aprueba la Instrucción Técnica Complementaria ITC AEM 1 «Ascensores», que regula la puesta en servicio, modificación, mantenimiento e inspección de los ascensores, así como el incremento de la seguridad del parque de ascensores existente, dispone en su art. 3 que para la puesta en servicio de los ascensores deberá presentarse ante el órgano competente de la comunidad autónoma, además de la referencia al número de serie, la siguiente documentación:

- La ficha técnica de la instalación.
- La declaración CE o UE de conformidad.
- El manual de funcionamiento.
- La copia del contrato de mantenimiento.
- Las actas de ensayo relacionadas con el control final, cuando sea aplicable.
- El certificado de inspección inicial favorable realizada como máximo con tres meses de antelación respecto a la comunicación al órgano competente de la comunidad autónoma de la puesta en servicio.

CUESTIÓN

¿El instalador del ascensor debe proporcionar a la comunidad de propietarios información sobre las obligaciones de mantenimiento?

Sí, el art. 12 del Real Decreto 355/2024, de 2 de abril, por el que se aprueba la Instrucción Técnica Complementaria ITC AEM 1 «Ascensores», que regula la puesta en servicio, modificación, mantenimiento e inspección de los ascensores, así como el incremento de la seguridad del parque de ascensores existente, establece que: «Además de la documentación que debe estar en posesión del o la titular desde la puesta en servicio del aparato indicada en el apartado 1 del artículo 3, el instalador/a, el fabricante o la empresa conservadora según corresponda, entregará al o la titular la información pertinente sobre las obligaciones relativas al mantenimiento, reparación, modificaciones e inspección, las cuales serán actualizadas por la empresa conservadora, en función de las prescripciones reglamentarias vigentes en cada momento y de las posibles modificaciones del ascensor».

¿Qué hacer cuando la instalación requiere ocupar un espacio privativo?

En ocasiones para poder instalar el ascensor se requiere utilizar una parte de un local o una vivienda privativa. En estos casos lo conveniente sería intentar llegar a un acuerdo con el propietario afectado para el establecimiento de la servidumbre a cambio de una indemnización o, incluso, a cambio de quedar exento de pagar los gastos de instalación.

Cuando esto no es factible y el acuerdo se hace imposible, las opciones que les quedarían a ambas partes serían:

- Por parte de la comunidad de propietarios: demandar al vecino perjudicado y solicitar vía judicial el establecimiento de la servidumbre y la fijación de la indemnización.
- Por parte del vecino perjudicado: impugnar judicialmente el acta de la junta de propietarios en la que se apruebe la realización de las obras.

En ambos supuestos es importante acompañar a la demanda de informes técnicos/periciales para poder acreditar o bien la necesidad o falta de ella, o bien la pérdida de habitabilidad o funcionalidad de la vivienda o local afectado, así como cualquier otro punto que consideremos relevante para defender nuestra postura.

Demanda de juicio ordinario para la constitución de una servidumbre

El artículo 249.1.8.º de la LEC establece que se decidirán en juicio ordinario, independientemente de su cuantía, aquellas demandas en las que se ejerciten las acciones que otorga a las juntas de propietarios y a éstos la Ley 49/1960, de 21 de julio, sobre propiedad horizontal, siempre que no versen exclusivamente sobre reclamaciones de cantidad, en cuyo caso se tramitarán por las reglas del juicio verbal o por el procedimiento especial que corresponda.

> **A TENER EN CUENTA.** El art. 249 de la LEC ha sido modificado por el Real Decreto-ley 6/2023, de 19 de diciembre, con entrada en vigor el 20 de marzo de 2024.

A tenor de los artículos 399 y ss. de la LEC, el proceso ordinario se inicia por demanda de la que, tras su admisión, se dará traslado a la parte demandada para que la conteste en plazo de 20 días. Tras la contestación, el letrado de la Administración de Justicia, dentro del tercer día, convocará a las partes a la audiencia previa, que habrá de celebrarse en el plazo de veinte días desde la convocatoria y que servirá para intentar un acuerdo o transacción que ponga fin al proceso, examinar las cuestiones procesales que pudieran obstar a la prosecución de este y a su terminación mediante sentencia sobre su objeto, fijar con precisión dicho objeto y los extremos, de hecho o de derecho, sobre los que exista controversia entre las partes, y en su caso, proponer y admitir la prueba. En ese acto el juez fijará fecha para la vista.

En la vista se practicarán las pruebas propuestas y admitidas en la audiencia previa y, a su finalización, se dará trámite a las partes para que formulen conclusiones sobre el resultado de la prueba practicada, quedando los autos vistos para sentencia.

> **CUESTIÓN**
>
> **¿Es necesario acudir al procedimiento representado por procurador y asistido por abogado?**
>
> Sí, en función a lo establecido en los arts. 23 y 31 de la LEC es necesario acudir al procedimiento con procurador y abogado.

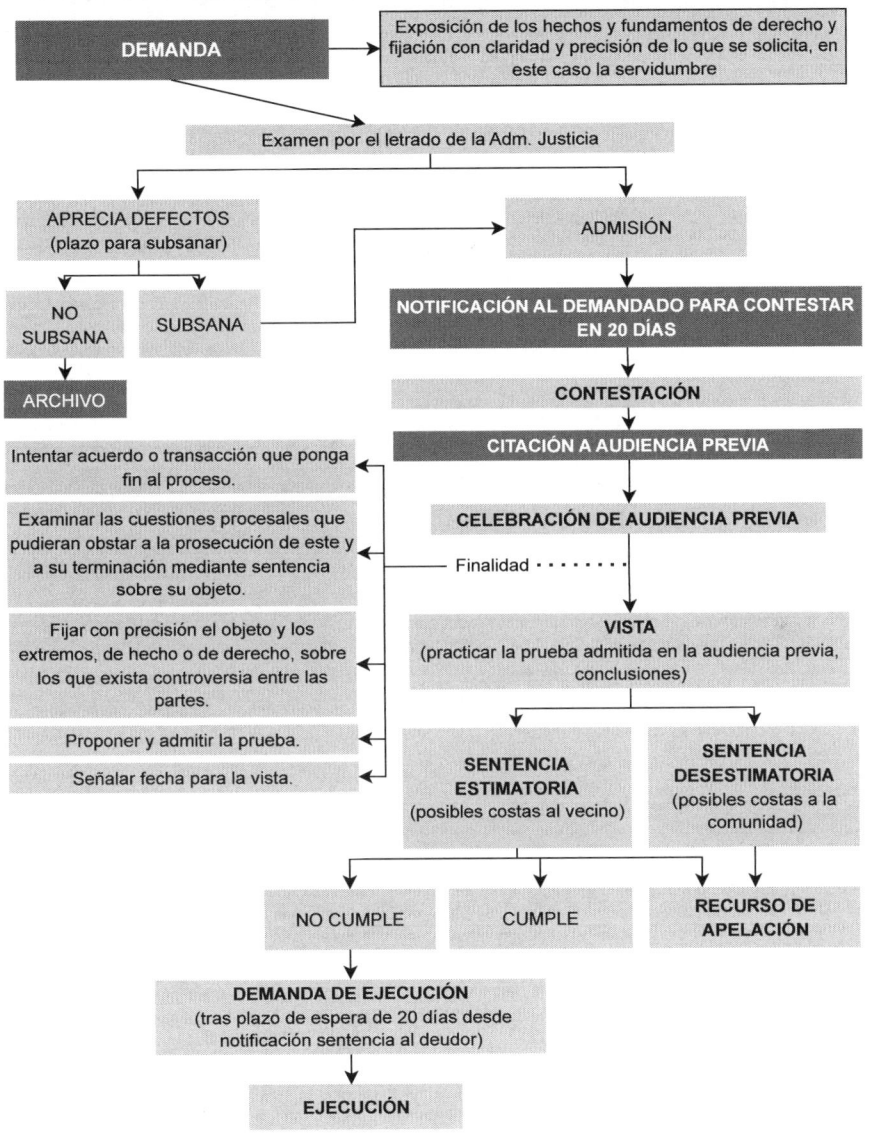

PROCEDIMIENTO ORDINARIO EN LAS COMUNIDADES DE PROPIETARIOS PARA LA CONSTITUCIÓN DE UNA SERVIDUMBRE

DEMANDA → Exposición de los hechos y fundamentos de derecho y fijación con claridad y precisión de lo que se solicita, en este caso la servidumbre

Examen por el letrado de la Adm. Justicia

APRECIA DEFECTOS (plazo para subsanar)

ADMISIÓN

NO SUBSANA

SUBSANA

NOTIFICACIÓN AL DEMANDADO PARA CONTESTAR EN 20 DÍAS

ARCHIVO

CONTESTACIÓN

CITACIÓN A AUDIENCIA PREVIA

Intentar acuerdo o transacción que ponga fin al proceso.

CELEBRACIÓN DE AUDIENCIA PREVIA

Examinar las cuestiones procesales que pudieran obstar a la prosecución de este y a su terminación mediante sentencia sobre su objeto.

Finalidad · · · · · · · ·

Fijar con precisión el objeto y los extremos, de hecho o de derecho, sobre los que exista controversia entre las partes.

VISTA (practicar la prueba admitida en la audiencia previa, conclusiones)

Proponer y admitir la prueba.

Señalar fecha para la vista.

SENTENCIA ESTIMATORIA (posibles costas al vecino)

SENTENCIA DESESTIMATORIA (posibles costas a la comunidad)

NO CUMPLE

CUMPLE

RECURSO DE APELACIÓN

DEMANDA DE EJECUCIÓN (tras plazo de espera de 20 días desde notificación sentencia al deudor)

EJECUCIÓN

> **A TENER EN CUENTA.** También se aplicará lo dispuesto sobre el juicio ordinario para aquellos supuestos en los que el propietario en virtud del art. 10.1.b) de la LPH ha requerido a la comunidad de propietarios la instalación del ascensor, y esta no realiza actividad alguna, ni lleva el tema a la junta de propietarios.

Impugnación de acuerdos para evitar la constitución de la servidumbre

El vecino que se va a ver afectado por la constitución de la servidumbre en su local o vivienda y no esté conforme con la misma tiene la posibilidad de impugnar el acta en la que se aprueba dicha decisión.

La impugnación de acuerdos aparece regulada en el art. 18 de la Ley de Propiedad Horizontal, que contiene una enumeración de los 3 supuestos que permiten acudir a los tribunales para impugnar los acuerdos de la junta de propietarios:

– Cuando sean contrarios a la ley o a los estatutos de la comunidad de propietarios.

– Cuando resulten gravemente lesivos para los intereses de la propia comunidad en beneficio de uno o varios propietarios.

– Cuando supongan un grave perjuicio para algún propietario que no tenga obligación jurídica de soportarlo o se hayan adoptado con abuso de derecho.

En el caso de la instalación del ascensor que requiera el establecimiento de una servidumbre lo más habitual es llevar a cabo la impugnación, bien por tratarse de un acuerdo contrario a la ley o a los estatutos de la comunidad de propietarios, o bien por suponer un perjuicio grave para el propietario o propietarios afectados que no tengan obligación jurídica de soportar o se haya adoptado con abuso de derecho. A modo de ejemplo, cabe citar la **sentencia de la Audiencia Provincial de Gipuzkoa n.° 75/2023, de 27 de enero, ECLI:ES:APSS:2023:711**, en la que se resume la posición del propietario que impugna de la siguiente manera: «Las apelantes encabezan el motivo de recurso relativo a la nulidad de dichos acuerdos alegando la vulneración del art. 9.1 c) LPH. Sin embargo, de la lectura del mismo se advierte que la parte apunta no sólo la vulneración de dicho precepto, que sería encuadrable dentro del art. 18.1 a) LPH, pues también alega, en relación al rechazo a la retirada del proyecto para estudiar otras posibilidades, que esta decisión les supone un grave perjuicio que no tienen obligación jurídica de soportar, lo que sería encuadrable en el art. 18.1 c) LPH (...)».

Acuerdo contrario a la ley o los estatutos de la comunidad de propietarios

La alusión hecha por el artículo 18 de la LPH a acuerdos contrarios a la ley permite atender a dos cuestiones importantes.

En primer lugar, trataremos, de una parte, los acuerdos contrarios específicamente a la Ley de Propiedad Horizontal y a los estatutos de la comunidad de propietarios, por ser estos acuerdos anulables en virtud del citado artículo de la LPH y, de otra parte, estarían los acuerdos contrarios a cualquier otro tipo de ley, por ser estos acuerdos nulos de pleno derecho. Consecuencia de la determinación como acuerdos anulables o nulos de pleno derecho, destacaremos que la acción contra los acuerdos contrarios a la Ley de Propiedad Horizontal y los estatutos caduca al año, y por su parte la acción contra los acuerdos nulos de pleno derecho por ser contrarios a la ley no está sujeta a plazo. Al respecto nos servimos de la **STS n.º 12/2022, de 12 de enero, ECLI:ES:TS:2022:36**, por acoger la jurisprudencia existente respecto de la anulabilidad o nulidad de los acuerdos comunitarios:

«Sobre la validez y plena eficacia de tales acuerdos, la jurisprudencia declara:

"los acuerdos que entrañen infracción de preceptos de la Ley de Propiedad Horizontal o de los Estatutos de la Comunidad de que se trate, al no ser radicalmente nulos, son susceptibles de sanación por el transcurso del plazo de caducidad que establece la regla cuarta del artículo 16 de la Ley de Propiedad Horizontal. Por tanto, aquellos acuerdos no impugnados por los propietarios gozan de plena validez y eficacia, y afectan y obligan a aquellos (SSTS de fechas 19 de noviembre de 1996, 28 de febrero de 2005, 19 de octubre de 2005, 30 de diciembre de 2005, 7 de junio de 2006 y 700/2013, de 6 de noviembre)".

(...)

3.- Por otro lado, también es doctrina jurisprudencial (recogida, entre otras, en las sentencias de esta sala de 28 de octubre de 2004, 25 de enero de 2005, 17 de diciembre de 2009 y 6 de noviembre de 2013), que si bien son meramente anulables los acuerdos que entrañen infracción de algún precepto de la LPH o de los estatutos de la respectiva comunidad de propietarios, corresponde la más grave calificación de nulidad radical o absoluta a aquellos acuerdos que infrinjan cualquier otra ley imperativa o prohibitiva, que no tenga establecido un efecto distinto para el caso de contravención, o que, por ser contrarios a la moral o el orden público o por implicar un fraude de ley, hayan de ser conceptuados nulos de pleno derecho, conforme al párrafo 3.º del artículo 6 del Código Civil, y por tanto insubsanables por el transcurso del tiempo (SSTS 29 de octubre de 2010, RC 1077/2006, 18 de abril de 2007 RC 1317/2000, y 320/2020, de 18 de junio).

(...)

Hay que tener en cuenta, además, que el ámbito de aplicación del art. 18.1 LPH se refiere a acuerdos o decisiones colectivas que pueden ser considerados propiamente 'acuerdos de junta de propietarios', que correspondan a su competencia y ámbito de disposición. Como ha señalado la doctrina, la aplicación de ese precepto no se extiende a los denominados 'pseudo-acuerdos', como serían, por ejemplo, acuerdos sobre disposición de un elemento privativo de un propietario contra su voluntad, o de imposición de una servidumbre sobre una propiedad ajena. Como precisamos en la sentencia 320/2020, de 18 de junio, no toda modificación estatuaria 'entra dentro de las facultades de la junta para poder decidirla al margen de la intervención y consentimiento de los concretos propietarios afectados en sus elementos privativos, cuando tal afectación se produce'».

Acuerdo que suponga un grave perjuicio para algún propietario que no tenga la obligación jurídica de soportarlo o se haya adoptado con abuso de derecho

Respecto del abuso de derecho, se ha pronunciado en reiteradas ocasiones el Tribunal Supremo. La más reciente, en cuanto a esta materia, es la **sentencia n.º 89/2024, de 24 de enero, ECLI:ES:TS:2024:199**, en la cual señala:

«En la sentencia 10/2022, de 12 de enero dijimos:

"La doctrina del abuso de Derecho, en palabras de la sentencia de 1 de febrero de 2006 (RC n.º 1820/2000), se sustenta en la existencia de unos límites de orden moral, teleológico y social que pesan sobre el ejercicio de los derechos, y como institución de equidad, exige para poder ser apreciado, una actuación aparentemente correcta que, no obstante, representa en realidad una extralimitación a la que la ley no concede protección alguna, generando efectos negativos (los más corrientes daños y perjuicios), al resultar patente la circunstancia subjetiva de ausencia de finalidad seria y legítima, así como la objetiva de exceso en el ejercicio del derecho (sentencias de 8 de julio de 198, 12 de noviembre de 1988, 11 de mayo de 1991 y 25 de septiembre de 1996). Su apreciación exige, en palabras de la sentencia de 18 de julio de 2000, una base fáctica que proclame las circunstancias objetivas (anormalidad en el ejercicio) y subjetivas (voluntad de perjudicar o ausencia de interés legítimo).

"[E]n materia de propiedad horizontal, la sentencia de 16 de julio de 2009 (RC n.º 2204/2004) ha entendido que el abuso de derecho, referido en el artículo 18.1 c) de la Ley, consiste en la utilización de la norma por la comunidad con mala fe civil en perjuicio de un propietario, sin que pueda considerase general el beneficio de la comunidad y, sin embargo, afecta de manera peyorativa a uno de sus partícipes. En definitiva, la actuación calificada como abusiva no puede entenderse fundada en una justa causa y su finalidad no será legítima"».

CUESTIÓN

¿Quién está legitimado para impugnar el acuerdo en el que se establece la constitución de una servidumbre para la instalación del ascensor?

El art. 18.2 de la LPH dispone que: «Estarán legitimados para la impugnación de estos acuerdos los propietarios que hubiesen salvado su voto en la Junta, los ausentes por cualquier causa y los que indebidamente hubiesen sido privados de su derecho de voto. Para impugnar los acuerdos de la Junta el propietario deberá estar al corriente en el pago de la totalidad de las deudas vencidas con la comunidad o proceder previamente a la consignación judicial de las mismas. Esta regla no será de aplicación para la impugnación de los acuerdos de la Junta relativos al establecimiento o alteración de las cuotas de participación a que se refiere el artículo 9 entre los propietarios».

En este sentido podemos destacar la **STS n.º 144/2019, de 6 de marzo, ECLI:ES:TS:2019:705**, en la que, con relación a este artículo, se recuerda que: «El artículo establece una regla de legitimación y un requisito de procedibilidad. La primera limita la posibilidad de impugnar los acuerdos de la junta de propietarios a los propietarios que hubiesen salvado su voto en la Junta, a los ausentes por cualquier

> causa y a los que indebidamente hubiesen sido privados de su derecho de voto. La segunda introduce una regla de procedibilidad y una excepción condicionando la impugnación a que el propietario esté al corriente en el pago de la totalidad de las deudas vencidas con la comunidad o haya hecho previa consignación judicial de las mismas, salvo que la impugnación de los acuerdos de la Junta tengan que ver con el establecimiento o alteración de las cuotas de participación a que se refiere el artículo 9 entre los propietarios, es decir, a la regla de la necesidad de estar al corriente o consignar judicialmente».

Con relación al plazo en el que se podrán impugnar los acuerdos de la junta de propietarios hay que tener en cuenta que el art. 18.3 de la LPH señala que:

> «La acción caducará a los tres meses de adoptarse el acuerdo por la Junta de propietarios, salvo que se trate de actos contrarios a la ley o a los estatutos, en cuyo caso la acción caducará al año. Para los propietarios ausentes dicho plazo se computará a partir de la comunicación del acuerdo conforme al procedimiento establecido en el artículo 9».

Por tanto, debemos diferenciar distintos plazos de impugnación dependiendo del acuerdo a impugnar:

- Sin plazo: cuando se impugnan acuerdos contrarios a la ley.
- De 1 año: para los acuerdos contrarios a la Ley de Propiedad Horizontal o a los estatutos.
- De 3 meses: para impugnar acuerdos gravemente lesivos a los intereses de la propia comunidad en beneficio de uno varios propietarios o acuerdos que supongan un grave perjuicio para algún propietario o que se haya adoptado con abuso de derecho.

CUESTIÓN

¿Cuándo comienza a contarse el plazo para impugnar los acuerdos de la junta?

El *dies a quo* del inicio del plazo para impugnar, varía según sea su impugnación por quienes hayan estado presentes en la junta, para quienes el plazo inicia el día en que se adoptó el acuerdo por la junta, o para los ausentes, en cuyo caso el plazo comienza el día en que ha tenido lugar efectivamente la notificación del acta.

La posibilidad de expropiación por parte de la Administración

Otra posibilidad que hay que tener en cuenta a la hora de valorar las distintas opciones que tienen las comunidades de propietarios, es la opción de solicitar a la Administración local que realice la expropiación, si bien habría que atender a las distintas regulaciones autonómicas.

Podemos referirnos aquí a la **sentencia del Tribunal Superior de Justicia de Galicia n.º 240/2023, de 7 de julio, ECLI:ES:TSJGAL:2023:5350**, en la que se señala que:

> «Como se ha indicado en el anterior fundamento de derecho, al no poder iniciar las obras para instalar el ascensor que se pactó en el seno de

la comunidad de propietarios, se dirigió ésta a la corporación municipal para que expropiara la porción del bajo del que era propietaria la sociedad mercantil "Bienes Inmuebles Corporativos Atlánticos 2008, SLU".

Tal posibilidad se recogió en el artículo 111 de la Ley 2/2011, de 4 de marzo, de economía sostenible, que facultaba a la administración competente para ordenar, en la forma, los términos y plazos que establezca la legislación aplicable, la realización de las obras necesarias, en especial las recogidas en la Ley 49/1960, de 21 de julio, sobre propiedad horizontal, imposición que comportaría la declaración de la utilidad pública o, en su caso, el interés social, a los efectos de la expropiación forzosa de los bienes y derechos necesarios para su ejecución. Aquél precepto fue derogado por la Ley 8/2013, de 26 de junio, de rehabilitación, regeneración y renovación urbanas, que lo reemplazó por su artículo 14, sobre los derechos de realojamiento y retorno, para pasar finalmente por regularse en el artículo 59 del texto refundido de la Ley de suelo y rehabilitación urbana, aprobado por Real Decreto Legislativo 7/2015, de 30 de octubre, que faculta a los ayuntamientos a utilizar la ejecución forzosa y la vía de apremio para exigir el cumplimiento de sus deberes a los propietarios, individuales o asociados, que no hubieren cumplido sus obligaciones, actuación que también podrán ejercer a solicitud de la asociación contra los propietarios que incumplieren los compromisos contraídos con ella.

El primero de los tres preceptos citados ya fue desarrollado por el artículo 99 de la Ley 8/2012, de 29 de junio, de vivienda de Galicia, que dispone en su apartado 1 que "para la administración municipal competente será causa de expropiación forzosa por razón de interés social que en un edificio en régimen de propiedad horizontal no se realicen, tras los oportunos requerimientos, las obras necesarias o las instalaciones precisas para el cumplimiento de la normativa en materia de accesibilidad y supresión de barreras arquitectónicas"; en este supuesto —prosigue su apartado 2— "la expropiación afectará únicamente a aquellos elementos privativos o comunes necesarios para la realización de dichas actuaciones, y podrán ser beneficiarias de la misma las propias comunidades de propietarios"; finalmente, establece su apartado 3 que "en todo caso, la persona beneficiaria deberá justificar la necesidad de llevar a cabo las obras de adecuación con un informe técnico y una memoria en los que se contenga la información precisa sobre la obra que se va a ejecutar, así como la acreditación de la imposibilidad de acudir a otras alternativas que resulten menos gravosas al derecho a la propiedad".

(...)

No obstante, **hay un supuesto en el que el legislador ha acordado que sean las administraciones públicas, y no la jurisdicción civil, las que deban intervenir, que es en el caso singular a que se refiere el artículo 99 de la LVG**, que requiere, por parte de la beneficiaria, que **justifique la necesidad de ejecutar las obras de accesibilidad** en el edificio en régimen de propiedad horizontal, así como que **acredite que tal ejecución ha sido imposible**, pese a haber realizado los **oportunos requerimientos**; verificados por la entidad local esos extremos, tiene lugar la causa expropiandi a que se refiere el artículo 1 de la Ley de expropiación forzosa, de 16 de diciembre de 1954, en este caso por razón de interés social en beneficio de la comunidad de propietarios, de conformidad con lo dispuesto en los artículos 2.3 y 9 de la LEF y 99.1 de la LVG».

También alude a esta posibilidad la **sentencia del Tribunal Superior de Justicia del País Vasco n.º 60/2023, de 6 de febrero, ECLI:ES:TSJPV:2023:986**:

«Debate sobre el que se incidió sobremanera ya con el escrito de demanda, en los términos que recoge con carácter general el artículo 211.2 de la Ley de Suelo y Urbanismo del País Vasco, debiendo significar que en un supuesto como el presente, las conclusiones de los pronunciamientos del Tribunal Supremo a los que ya se refirió de forma amplia en el escrito de demanda en su fundamento jurídico material primero, deben ponerse en relación con las singularidades del ordenamiento jurídico urbanístico, que hoy en día debe serlo en relación con el artículo 9.5.g) del Texto Refundido de la Ley del Suelo y Rehabilitación Urbana, aprobado por Real Decreto Legislativo 7/2015 de 30 de octubre, que enlaza con la regulación recogida en la Ley 2/2006 de Suelo y Urbanismo del País Vasco, con su artículo 177 j), que al regula los supuestos expropiatorios por motivos urbanísticos, recoge lo que sigue:

"Será posible la aplicación de la expropiación por motivos urbanísticos en los supuestos siguientes:

[...]

j) La inobservancia del deber de actualizar, en las edificaciones de uso predominantemente residencial y en los términos requeridos por la ordenación urbanística, los servicios e instalaciones precisas para hacer efectiva la accesibilidad prevista por la legislación sectorial pertinente. En este último caso, la administración expropiante será el ayuntamiento correspondiente, y el beneficiario la comunidad de propietarios o quien ostente una mayoría suficiente para ejecutar las obras en cuestión. El beneficiario deberá solicitar la expropiación acreditando que promueve un proyecto que cuenta, o es susceptible de contar, con licencia municipal y la imposibilidad de inicio de las obras por no disponer de la totalidad de los bienes y derechos afectados".

(...)

Ratificamos que la licencia salvaguarda el derecho de propiedad, unido a que en el supuesto de la actuación concreta que se pretendía materializar con la licencia concedida, la instalación por la Comunidad de Propietarios del ascensor, elemento relevante de accesibilidad, puede legitimar la actuación expropiatoria; previsión legal, que, obviamente, parte de que se está incidiendo en elementos de los que no son titularidad de quien obtiene la licencia, de la Comunidad de Propietarios, que es por lo que en el ámbito del procedimiento expropiatorio, en su caso, tendrá la condición de beneficiaria».

4.
EL PAGO DE LOS GASTOS DEL ASCENSOR

El art. 9.3 de la LPH establece como obligación de los propietarios la de contribuir a los gastos generales para el adecuado sostenimiento del inmueble, sus servicios, cargas y responsabilidades que no sean susceptibles de individualización. En estos gastos se incluyen los ordinarios fijos, periódicos no fijos y aquellos cuya cuantía varía en función al consumo y uso, y los extraordinarios ocasionados por algún acontecimiento que determina su procedencia conforme ha señalado la **STS n.º 287/2024, de 28 de febrero, ECLI:ES:TS:2024:1125**.

En principio la contribución a estos gastos generales, entre los que se encuentran los relativos al ascensor, ha de hacerse conforme a la cuota de participación fijada en el título constitutivo de la propiedad horizontal, conforme al párrafo segundo del art. 5 de la LPH, sin embargo, este criterio de atribución puede alterarse ya que el art. 9.1.e) de la LPH establece que la contribución se hará «con arreglo a la cuota de participación fijada en el título o a lo especialmente establecido».

Esta posibilidad de modificar el régimen de contribución a los gastos se traslada también a los referentes a la instalación del ascensor, tal y como ha recogido la **STS n.º 197/2021, de 12 de abril, ECLI:ES:TS:2021:1350**:

> «De la referida doctrina se deduce que el acuerdo destinado a la distribución de los gastos de instalación, se ha de aprobar con idéntico sistema de mayorías que el acuerdo de instalación del ascensor, es decir, por mayoría y ello con el fin de no obstaculizar la política legislativa de la LPH tendente a la eliminación de barreras arquitectónicas que dificultan el desenvolvimiento de personas con discapacidad.
>
> Por tanto, **es posible una distribución de gastos que no coincida con la cuota de participación en elementos comunes**, en casos como el analizado, pues el propio art. 9 de la LPH permite que se contribuya con arreglo "a lo especialmente establecido", acuerdo que al estar "asociado" al de instalación se aprueba por mayoría, pero que no podrá lesionar gravemente a ningún propietario (sentencia 777/2014, de 23 de diciembre, rec. 1428/2012)».

Con frecuencia los estatutos incorporan cláusulas estatutarias por las cuales se excluye a los propietarios de los locales que no tienen acceso a los portales y escaleras comunitarias —al tener acceso directo desde la calle— de los gastos de tales portales y escaleras. Esta exclusión incluye los gastos de ascensor al tratarse de un servicio que ni utilizan, ni pueden utilizar. Ahora bien, el Tribunal Supremo, tal y como recoge la **SAP de Burgos n.º 360/2023, de 30 de noviembre, ECLI:ES:APBU:2023:857, contempla dos excepciones importantes a la exclusión** genérica de gastos:

– La instalación de un ascensor *ex novo*, es decir, cuando se dota al edificio de un ascensor del que antes carecía.

– La bajada a cota cero del ascensor con el fin de suprimir la barrera arquitectónica que supone el tramo de escaleras que conduce al ascensor sito en un rellano.

JURISPRUDENCIA

STS n.º 216/2019, de 5 de abril, ECLI:ES:TS:2019:1090

«Esta sala ha declarado, entre otras en sentencia 678/2016 de 17 de noviembre (y en las que ella cita) que la instalación de un nuevo servicio de ascensor, debe ser sufragado asimismo por los dueños de los locales, ya que solo estaban exentos de su conservación o mantenimiento (art° 10 de la LPH).

Igualmente en sentencia 381/2018 de 21 de junio, se entendió que:

"La instalación del ascensor, y aquí la ampliación de su trayectoria ("a cota cero"), ha de reputarse no solo exigible, sino también necesaria y requerida para la habitabilidad y uso total del inmueble, impuesta por la normalización de su disfrute por todos los vecinos, y no como una simple obra innovadora de mejora (sentencias 797/1997, de 22 de septiembre , y 929/2006, de 28 de septiembre); accesibilidad que está presente tanto cuando se instala ex novo el ascensor, como cuando se modifica de forma relevante para bajarlo a "cota cero", y si obligado está el comunero a contribuir a los gastos de instalación de ascensor, obligado lo estará también, en casos como el enjuiciado, de los destinados a completar la instalación ya existente para la eliminación de barreras arquitectónicas, más propios de una obra nueva que de mantenimiento o adaptación del ascensor".

A la vista de la doctrina expuesta, debe entenderse que la bajada a cota 0, se encuentra comprendida dentro de los gastos de instalación, que no de conservación o mantenimiento.

Por tanto, la bajada del ascensor a cota 0 no es una mera obra de conservación sino de ubicación "ex novo" del ascensor en una planta».

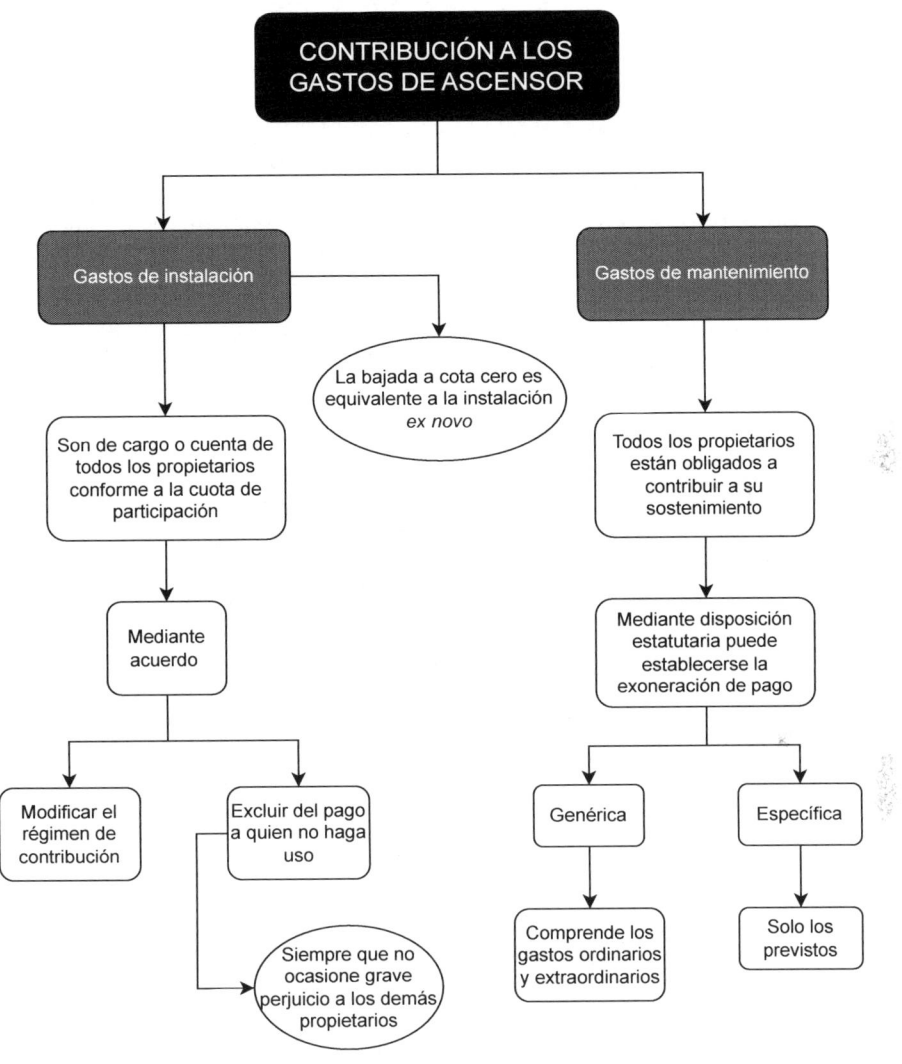

4.1. Gastos de instalación

Tal y como hemos señalado, conforme al art. 9.3 de la LPH los gastos de instalación son de cargo o cuenta de todos los copropietarios conforme a la cuota de participación. Sin embargo, es posible que este régimen de contribución sea modificado por la mayoría que se exige para la aprobación del acuerdo de instalación del ascensor, tal como señala la doctrina establecida por el Tribunal Supremo en la **sentencia, rec. 2029/2006, de 13 de septiembre de 2010, ECLI:ES:TS:2010:4859**:

«4.º Se declara como doctrina jurisprudencial que para la adopción de los acuerdos que se hallen directamente asociados al acuerdo de instalación del ascensor, aunque impliquen la modificación del título constitutivo, o de los estatutos, se exige la misma mayoría que la Ley de Propiedad Horizontal exige para el acuerdo principal de instalación del ascensor».

Esta doctrina no debe entenderse desvinculada de lo establecido en el art. 18.1.c) de la LPH en la que se establece la posibilidad de impugnar estos acuerdos cuando supongan un grave perjuicio para algún propietario que no tenga obligación jurídica de soportarlo o se hayan adoptado con abuso de derecho.

CUESTIÓN

¿Es posible que la contribución a la instalación del ascensor se haga teniendo en cuenta la altura de los pisos?

Sí, la comunidad de propietarios puede optar por el método de repercusión que considere adecuado siempre que el mismo no lesione gravemente los intereses de ningún propietario. Esta posibilidad se recoge en la **STS, rec. 1428/2012, de 23 de diciembre de 2014, ECLI:ES:TS:2014:5726**:

«El acuerdo no es discriminatorio. No se trata de que la Comunidad acordara que solo los pisos de la planta NUM001 sufrieran un aumento respecto del importe que les podía corresponder en aplicación de las cuotas de participación. Se trata, como se ha anticipado, de que siguiendo un racional sistema de tantos por cientos, la Comunidad estableció una proporcionalidad en que, con base en el uso presumible del ascensor (razonable al disponerse en atención a las sucesivas alturas), cada planta debe contribuir a la derrama para afrontar los gastos de la instalación del ascensor».

Es jurisprudencia consolidada del Tribunal Supremo que cuando se instala un ascensor *ex novo*, los propietarios de los locales comerciales y de los garajes deben contribuir al gasto que ello supone. Considera el Alto Tribunal que la exclusión por la falta de uso resultaría abusiva con respecto a los propietarios de viviendas, ya que supone una alteración de las cuotas de contribución a los gastos lo que implica que éstos deban asumir un sobrecoste que no les corresponde. En este sentido se ha pronunciado la **STS n.º 152/2024, de 6 de febrero, ECLI:ES:TS:2024:475**.

Sin embargo, el Tribunal Supremo ha reconocido en la **sentencia n.º 197/2021, de 12 de abril, ECLI:ES:TS:2021:ECLI:ES:TS:2021:1350**, que mediante acuerdo adoptado por la mayoría necesaria para aprobar la instalación, es posible la exclusión a favor de los propietarios de los locales de contribuir a los gastos de instalación señalando al respecto:

«Esta sala, en sentencia 804/2011, de 7 de noviembre y en sentencia de 13 de septiembre de 2010 que la primera cita, entiende que:
'En definitiva, para la adopción de los acuerdos que se hallen directamente asociados al acuerdo de instalación del ascensor, aunque impliquen

la modificación del título constitutivo, o de los estatutos, se exige la misma mayoría que la Ley de Propiedad Horizontal exige para tal acuerdo'.

De la referida doctrina se deduce que el acuerdo destinado a la distribución de los gastos de instalación, se ha de aprobar con idéntico sistema de mayorías que el acuerdo de instalación del ascensor, es decir, por mayoría y ello con el fin de no obstaculizar la política legislativa de la LPH tendente a la eliminación de barreras arquitectónicas que dificultan el desenvolvimiento de personas con discapacidad.

Por tanto, es posible una distribución de gastos que no coincida con la cuota de participación en elementos comunes, en casos como el analizado, pues el propio art. 9 de la LPH permite que se contribuya con arreglo 'a lo especialmente establecido', acuerdo que al estar 'asociado' al de instalación se aprueba por mayoría, pero que no podrá lesionar gravemente a ningún propietario (sentencia 777/2014, de 23 de diciembre, rec. 1428/2012).

Por otro lado no consta un grave perjuicio a los demandantes (art. 18 LPH), pues como ya hemos reflejado, en la sentencia recurrida se pondera que las obras han provocado la eliminación de barreras arquitectónicas que facilitan el acceso a los bajos, eliminando mediante rampas y rellanos una cota de 1,12 metros y les revaloriza el piso».

RESOLUCIÓN RELEVANTE

SAP de Cádiz n.° 493/2023, de 11 de diciembre, ECLI:ES:APCA:2023:2317

Asunto: anulación del acuerdo de exención de los gastos de instalación por grave perjuicio a los restantes propietarios

«Partiendo de lo expuesto, y considerando que esa exoneración a los pisos de planta baja implica necesariamente un aumento o repercusión en la cuota que deban abonar los comuneros, —entre ellos la apelante—, de las plantas segunda a cuarta, se estima que ha existido por ello ese perjuicio grave a la apelante que justifica la nulidad del acuerdo recurrido.- Por demás, y conforme a la doctrina jurisprudencial expuesta, el aumento de valor por la instalación de un ascensor en el edificio, lo es para la totalidad de la comunidad y de sus integrantes, siendo este beneficio o aumento de valor global, distinto y no confundible con el mayor o menor uso que de este elemento común pueda realizarse por los distintos comuneros, siendo por ello discriminatorio que se exima de su pago a los comuneros de planta baja. Es más, en el acta ya se hace expresamente constar en palabras del portavoz de la comisión para la instalación de os ascensores, que " con la instalación del ascensores se eliminan todas las barreras arquitectónicas pues se hacen a la entrada unas rampas que no suponen el 12%". Es evidente que supone una mejora global y revalorización en beneficio de todo el edificio.

Por otra parte, es de ver en el acta objeto de impugnación, que en el edificio existe azotea comunitaria, cuyo uso puede destinarse a "tendedero" por todos los vecinos, si bien, y por ahorrar costes en la instalación del ascensor, se decidió NO instalarlo hasta la azotea, sino que finaliza su recorrido en la planta NUM005 (última del edificio). En base a ello es por lo que se decide exonerar del coste de instalación a los propietarios de los pisos de planta baja. Sin embargo, el hecho de que el ascensor no llegue hasta la azotea y sí hasta el piso NUM005—inmediatamente anterior a aquélla—, no obsta al uso de la misma (para cuyo acceso haya que recorrer únicamente un pequeño tramo de escalera) por todos los comuneros, también los de la planta baja. Es por lo que esta razón no puede estimarse que justifique la exoneración que se ha efectuado.

Podrá acordarse, como se ha dicho, un reparto que no se ajuste a los coeficientes de participación estatutarios o del título constitutivo, y será posible la aprobación por mayoría conforme al art 17 LPH (no se exige unanimidad), pero en ningún caso implicará total exención de los pisos de planta baja en estos costes de instalación»

En este punto se hace necesario establecer que la bajada del ascensor a cota 0 se encuentra comprendida dentro de los gastos de instalación, no siendo posible considerarla como un gasto de conservación o mantenimiento, tal como ha declarado el Tribunal Supremo en la **sentencia n.° 276/2021 de 10 de mayo, ECLI:ES:TS:2021:1792**:

«"Igualmente en sentencia 381/2018, de 21 de junio, se entendió que: " "La instalación del ascensor, y aquí la ampliación de su trayectoria ("a cota cero"), ha de reputarse no solo exigible, sino también necesaria y requerida para la habitabilidad y uso total del inmueble, impuesta por la normalización de su disfrute por todos los vecinos, y no como una simple obra innovadora de mejora (sentencias 797/1997, de 22 de septiembre, y 929/2006, de 28 de septiembre); accesibilidad que está presente tanto cuando se instala ex novo el ascensor, como cuando se modifica de forma relevante para bajarlo a "cota cero", y si obligado está el comunero a contribuir a los gastos de instalación de ascensor, obligado lo estará también, en casos como el enjuiciado, de los destinados a completar la instalación ya existente para la eliminación de barreras arquitectónicas, más propios de una obra nueva que de mantenimiento o adaptación del ascensor".

A la vista de la doctrina expuesta, debe entenderse que la bajada a cota 0, se encuentra comprendida dentro de los gastos de instalación, que no de conservación o mantenimiento.

Por tanto, la bajada del ascensor a cota 0 no es una mera obra de conservación sino de ubicación ex novo del ascensor en una planta».

A pesar de la jurisprudencia establecida por nuestro Alto Tribunal en cuanto a considerar que la bajada a cota 0 es equivalente a una instalación *ex novo* y por tanto los locales y bajos deben contribuir a los gastos de instalación, la Audiencia Provincial de Salamanca en la **sentencia n.° 826/2022, de 21 de diciembre, ECLI:ES:APSA:2022:1036**, ha anulado el acuerdo de la junta por la que se decidía que las obras de eliminación de barreras arquitectónicas —bajada a cota 0— se abonaran por los vecinos del portal y por los propietarios de los locales; esta sentencia razona lo siguiente:

«Se trata de una sentencia aislada a la que no ha seguido una línea jurisprudencial constante y reiterada. En anteriores resoluciones ya nos hemos apartado de esta sentencia para continuar con la línea que seguíamos desde el año 2.016.

Así las cosas, procede declarar la nulidad del acuerdo adoptado en la Junta extraordinaria de Propietarios celebrada por la Comunidad demandada el día 24 de junio de 2019 en cuanto que decide que las obras de eliminación de barreras arquitectónicas se abonarán por los vecinos del portal y también por los propietarios de los locales de la planta baja.

No corresponde a los actores sufragar estos gastos conforme hemos argumentado en los párrafos anteriores. En el caso que nos ocupa es en la Junta de 24 de junio de 2.019 cuando se adopta la decisión de que los propietarios de los locales contribuyan a las obras para eliminación de barreras arquitectónicas y bajada a cota cero, acuerdo que va en contra de la doctrina jurisprudencial y que no puede mantenerse, este acuerdo es nulo».

4.2. Gastos de mantenimiento

Los gastos de mantenimiento constituyen un gasto común al que todos los propietarios están obligados a contribuir conforme a la cuota de participación. Sin embargo, es posible que mediante disposición estatutaria se establezca la exoneración de contribuir a determinados propietarios. Estas disposiciones estatutarias al apartarse de la regla general deben ser objeto de una interpretación restrictiva (SAP de León n.° 188/2022, de 16 de marzo, ECLI:ES:APLE:2022:393).

CUESTIÓN

Si un propietario no usa el ascensor ¿tiene que pagar los gastos de mantenimiento?

Sí, ya que conforme el art. 9 de la LPH constituye una obligación del propietario contribuir conforme a su cuota de participación a los gastos generales para el adecuado sostenimiento de los servicios, estableciendo el apartado 2 del mismo precepto que la no utilización de un servicio no exime del cumplimiento de las obligaciones.

El Tribunal Supremo ha señalado que cuando los estatutos recogen una cláusula de exoneración genérica, con apoyo en el no uso del servicio, esta exención comprende tanto los gastos ordinarios como los extraordinarios, y tanto para la conservación y funcionamiento del ascensor, como en los gastos necesarios para la reforma o sustitución del que ya existe. Esta doctrina aparece recogida en la STS n.° 381/2018, de 26 de junio, ECLI:ES:TS:2018:2387 en los siguientes términos:

«La doctrina de esta sala viene referida a los supuestos en los que en las normas estatutarias contenidas en la escritura de declaración de obra nueva y división horizontal se especifica la exención para determinados locales del edificio (departamentos en las plantas bajas y sótanos, en este caso) de contribuir a los gastos de conservación y reparación de determinados elementos comunes de los que no usan (portales, escaleras, ascensores ...), e interpreta a la luz de lo dispuesto en el art. 9.1. e) LPH que las exenciones genéricas de gastos que afectan a los locales contenidas en las cláusulas estatutarias, con apoyo en el no uso del servicio, comprenden tanto los gastos ordinarios como los extraordinarios, y tanto para la conservación y funcionamiento del ascensor, como de los precisos para la reforma o sustitución de este o de las escaleras que ya existen y que simplemente se transforman para adecuarlas a una necesidad nueva, pues en ambos casos estamos ante unos locales que no tienen acceso al portal ni a la entrada ni tienen participación en uno ni en otro elemento y como tal están excluidos del coste que supondría la reforma pretendida por la Comunidad; doctrina mantenida a partir de la sentencia 427/2011, de 7 de junio , y reiterada, entre otras, en las sentencias 342/2013, de 6 de mayo, 38/2014, de 10 de febrero y 543/2017, de 4 de octubre , y que solo tiene como excepción la instalación de un nuevo ascensor que antes no existiera (sentencias 691/2012, de 13 de noviembre y 38/2014, de 10 de febrero)».

Lo expuesto no supone que cuando los estatutos establezcan la exoneración de unos concretos gastos ordinarios, deba interpretarse en todo caso que se incluyen en esta exoneración también los gastos extraordinarios relacionados con el servicio del que no se tiene uso. Un ejemplo de exoneración que no abarca los gastos extraordinarios lo encontramos en la **STS n.º 531/2019, de 10 de octubre, ECLI:ES:TS:2019:3223**, en la que el Alto Tribunal concluye del siguiente modo:

«Por lo expuesto, la interpretación que se hace de los estatutos en la sentencia recurrida es racional, lógica, ajustada a derecho y concorde con la doctrina jurisprudencial, al entender que en los estatutos solo se exoneraba de los gastos ordinarios de mantenimiento y no de los extraordinarios, como los analizados, dado que era necesario la sustitución de los ascensores, por lo que procede desestimar el recurso, dado que la exención no era genérica».

En el supuesto de hecho se establece la obligación de abonar la sustitución del ascensor ya que los estatutos tenían el siguiente contenido:

– En un artículo se definían los gastos comunes en los siguientes términos «Se considera gastos comunes de todo el inmueble: a).- Los de reparación, conservación, sustitución, mejora, decoración, mantenimiento y limpieza de los elementos, servicios e instalaciones comunes, ... e).- Los relativos a la limpieza, ordinarios de conservación, consumo de energía eléctrica de cada vestíbulo, escalera y ascensor».

– En otros artículos se establece la exoneración de algunas plantas de los gastos contemplados únicamente en la letra e).

La concreción con que dichos estatutos establecen la exoneración de gastos supone que no pueda entenderse que en la misma deba tenerse como integrada la sustitución del ascensor.

5.
LAS MODIFICACIONES DE LOS ASCENSORES YA EXISTENTES

Cuando se trata de modificar un ascensor ya instalado en una comunidad de propietarios, conviene distinguir dos supuestos que cuentan un tratamiento diferenciado:

– Cuando se sustituye un ascensor que ya existía por otro nuevo.

– Cuando se trata de bajar a cota cero un ascensor que, si bien ya existía, no se encontraba a la misma altura del portal.

Sustitución del ascensor

Es necesario recordar que conforme establece el art. 10.1.a) de la LPH tienen carácter obligatorio y por tanto no requieren de acuerdo de la junta:

«Los trabajos y las obras que resulten necesarias para el adecuado mantenimiento y cumplimiento del deber de conservación del inmueble y de sus servicios e instalaciones comunes, incluyendo en todo caso, las necesarias para satisfacer los requisitos básicos de seguridad, habitabilidad y accesibilidad universal, así como las condiciones de ornato y cualesquiera otras derivadas de la imposición, por parte de la Administración, del deber legal de conservación».

En caso de que la sustitución no tenga naturaleza obligatoria se requerirá el voto favorable de las tres quintas partes del total de los propietarios, que a su vez representen las tres quintas partes de las cuotas de participación. El art. 17.4 de la LPH establece que en caso de que la obra exceda del importe de 3 mensualidades ordinarias de gastos comunes, el disidente no resultará obligado, ni se modificará su cuota, incluso en el caso de que no pueda privársele de la mejora o ventaja.

CUESTIÓN

¿Es posible privar de la innovación al disidente que no paga la obra?

Sí, ello se deduce a sensu contrario, de lo establecido in fine en el párrafo segundo del art. 17.4 de la LPH que señala «(...) Si el disidente desea, en cualquier tiempo, participar de las ventajas de la innovación, habrá de abonar su cuota en los gastos de realización y mantenimiento, debidamente actualizados mediante la aplicación del correspondiente interés legal».

Por otro lado, con relación al **pago de la obra de sustitución**, el art. 9.1.e) establece la obligación de los propietarios de contribuir, con arreglo a la cuota de participación fijada en el título o a lo especialmente establecido, a los gastos generales para el adecuado sostenimiento del inmueble, sus servicios, cargas y responsabilidades que no sean susceptibles de individualización.

Deriva de lo anterior que deberán contribuir al pago de los gastos de sustitución todos los propietarios en los siguientes supuestos:

— Cuando sea necesaria para satisfacer los requisitos básicos de seguridad, habitabilidad o accesibilidad universal.

— Cuando sea obligatoria derivado del deber legal de conservación impuesto por parte de la Administración.

Teniendo presente esta obligación de contribuir a los gastos la Audiencia Provincial de Álava en la **sentencia n.º 979/2023, de 28 de junio, ECLI:ES:APVI:2023:692,** determinó la obligación de que el propietario del local debía abonar los gastos de sustitución del ascensor al entender que esto suponía una mejora en la accesibilidad, así reza la mentada sentencia:

«Ciertamente, a la luz de la Jurisprudencia citada, no se trata de instalar por primera vez un ascensor (STS 216/19), y tampoco se trata de bajar el ascensor a cota cero (SSTS 381/18 y 276/21), sino que se trata de una sustitución (ATS de 13 de diciembre de 2017 y nuestra S 143/20); sin embargo, y no tratándose siquiera de una sustitución del ascensor obligatoria desde un punto de vista legal-administrativo, sí se trata de una sustitución respecto de la cual se ha acreditado (no así en el supuesto de nuestra S 204/21) que realmente mejora las condiciones de accesibilidad respecto de la mera bajada a cota cero, por lo que entendemos que excede cualquier equiparación a la pintura, conservación y luz del portal y escaleras de la cláusula estatutaria, y que debe tenerse como una de "las mejoras requeridas para la adecuada accesibilidad del inmueble" excluidas de la previsión del art. 17.4 LPH, y que, por tanto, sí resulta exigible a la demandante su contribución, sin que ex art. 7.2 del Código Civil quepa apreciar el alegado abuso de derecho, puesto que la correspondiente cuota determina las cargas y también la participación y los beneficios».

Es posible que por medio de **cláusula en los estatutos** se establezca **una exención de pago** de los gastos que se originen por el servicio de ascensor, a favor de los copropietarios que por la ubicación de sus inmuebles no puedan utilizarlo. La jurisprudencia del Tribunal Supremo respecto a esta posibilidad establece que las exenciones genéricas de gastos contenidas en las cláusulas estatutarias, con apoyo en el no uso del servicio, comprenden tanto los gastos ordinarios como los extraordinarios, tal como recoge la **STS n.º 342/2013, de 6 de mayo, ECLI:ES:TS:2013:3124,** por lo que es posible que mediante una cláusula estatutaria se excluya a determinados propietarios del pago de los gastos derivados de la sustitución del ascensor.

En la línea de admitir la exclusión de pago de las obras de sustitución del ascensor la Audiencia Provincial de Burgos en la **sentencia n.º 360/2023, de 30 de noviembre, ECLI:ES:APBU:2023:857**, reconoce la exclusión del pago y ello con base en las siguientes consideraciones:

«La primera es que, como bien señala la parte recurrente, si aplicamos la excepción desnaturalizamos la cláusula estatutaria de exclusión, e impedimos su aplicación práctica, pues toda instalación de un ascensor nuevo y más moderno siempre va a implicar, en mayor o menor medida, una mejora en la accesibilidad y posibilidades de uso para personas con movilidad reducida.

La segunda es que las excepciones que contempla la jurisprudencia del Tribunal Supremo son muy estrictas, la primera la instalación ex novo de un ascensor donde antes no había otro, y la segunda, equiparable a la anterior, la ampliación de la trayectoria de un ascensor ya existente para su bajada a cota cero con supresión de barreras arquitectónica. La instalación de un ascensor nuevo más moderno que sustituya a uno vetusto, pese a que conlleve mejoras en la accesibilidad, no puede equipararse en sentido estricto a las dos excepciones anteriores,

La tercera, radica en que en la razón por la que se cambian los ascensores y se instalan otros más modernos, es que los ascensores sustituidos era vetustos, no había piezas de recambio para repáralos y las inspecciones técnicas habían concluido con informe desfavorable. No consta que entre los motivos de sustitución se contemplase la mejora de las condiciones de accesibilidad.

La cuarta, es que los ascensores antiguos no impedían la accesibilidad de las personas con movilidad reducida, y en concreto las que iban en sillas de ruedas. En este sentido debe valorase con cautela las declaraciones de los vecinos sobre los impedimentos que sufrían quienes iban en sillas de ruedas para montar en el ascensor, pues no debe olvidase que son vecinos con interés en el resultado del pleito, y que por ello su declaración puede resultar tendenciosa en sentido que obviamente exageran las dificultades que presentaban los ascensores antiguos y a su vez exageran las bondades de los ascensores nuevos. Y aquí cabe realizar la siguiente apreciación, sobre las dificultades que implicaba el tener los ascensores antiguos una puerta de apertura manual que exigía que los vecinos con sillas de rueda tenían que ir acompañados con una persona que abriese y sujetase la puerta mientras la silla accedía a la cabina, cosa que no ocurre con los ascensores nuevos que tienen puerta automática, pues debe destacarse que tal dificultad también va a existir cuando se abra la puerta del portal a la calle, en el sentido que los vecinos con sillas de ruedas también van a precisar de un acompañante que abra y sujete la puerta del portal, y de ordinario que va en silla de ruedas tiene un acompañante que le auxilia y empuja la silla».

CUESTIÓN

Los estatutos de una comunidad de propietarios contienen cláusula de exención de gastos de ascensor a favor de los locales, ¿puede establecerse en el acuerdo de sustitución del ascensor que los locales contribuyan en este gasto?

No, en este caso el acuerdo es nulo, así lo ha señalado el Tribunal Supremo en el auto, rec. 936/2015, de 13 de diciembre, ECLI:ES:TS:2017:11544A, en el que señala:

«(...) el acuerdo por el que se decidió que el demandante-recurrente pagara la parte correspondiente del ascensor en la realización de las obras de sustitución del ascensor, pese a la exención contenida en los estatutos de la comunidad en relación a estos gastos a favor del titular de los locales de su propiedad, es nulo (...)».

Debe tenerse presente que esta exención de pago de los gastos a favor de los propietarios que por su ubicación no hagan uso del ascensor solo es posible si se establece en el título constitutivo, en los estatutos o en su caso se acuerde por unanimidad por la junta de propietarios. El mero hecho del no uso o utilización de determinados elementos comunes no exime del deber de abonar los gastos conforme a la cuota participativa. Esta interpretación se recoge en la **STS n.º 257/2000, de 14 de marzo, ECLI:ES:TS:2000:2065**, que señala:

«En el caso de autos no concurre autorización titular, estatutaria o co-munitaria alguna, por lo que rige la obligatoriedad del pago del referido artículo 9-5 (S.s. de 16-6-1995 y 15-6-1996), ya que el mero hecho del no uso o utilización de determinados elementos comunes o que el local tenga acceso independizado, no exime del deber de abonar los gastos conforme a la cuota participativa, de la que aquí no se discrepa (...)».

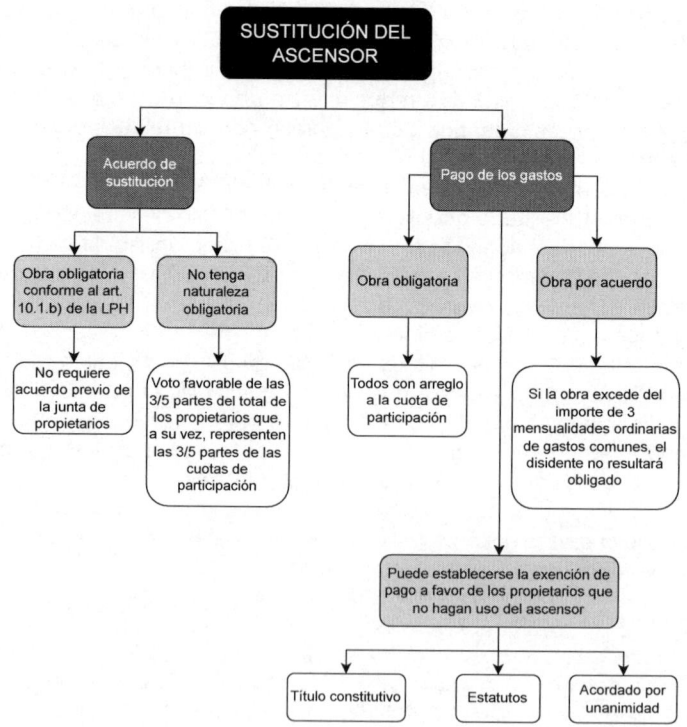

Bajada del ascensor a cota cero

La bajada a cota cero del ascensor ha sido entendida por la jurisprudencia como un gasto de instalación y no como un gasto de conservación o mantenimiento, así lo ha declarado el Tribunal Supremo en la **sentencia n.º 276/2021, de 10 de mayo, ECLI:ES:TS:2021:1792:**

«(...) debe entenderse que la bajada a cota 0, se encuentra comprendida dentro de los gastos de instalación, que no de conservación o mantenimiento.

Por tanto, la bajada del ascensor a cota 0 no es una mera obra de conservación sino de ubicación ex novo del ascensor en una planta».

La equiparación que el Alto Tribunal establece entre la instalación *ex novo* y la bajada a cota cero tiene transcendencia principalmente en dos cuestiones:

- Las mayorías que se exigen para la aprobación de la obra.
- La distribución de los gastos.

‖ **Mayoría necesaria para bajar a cota cero el ascensor**

Para determinar la mayoría necesaria debemos atender a lo dispuesto en los arts. 10.1.b) y 17.2 de la LPH.

El art. 10.1.b) de la LPH determina que en caso de que la bajada a cota cero sea instada por el propietario de la vivienda en la que vivan, trabajen o presten servicios voluntarios personas con discapacidad o mayores de setenta años, las obras tendrán carácter obligatorio y por tanto no requerirán el acuerdo previo de la junta de propietarios.

A TENER EN CUENTA. La obligatoriedad de la obra se encuentra condicionada a que el importe repercutido anualmente, una vez descontadas las subvenciones o ayudas públicas, no exceda de doce mensualidades ordinarias de gastos comunes. No eliminará el carácter obligatorio de estas obras el hecho de que el resto de su coste, más allá de las citadas mensualidades, sea asumido por quienes las hayan requerido.

Fuera de los supuestos de obligatoriedad, el art. 17.2 de la LPH requiere que el acuerdo se adopte por mayoría de los propietarios que a su vez representen la mayoría de las cuotas de participación, cuando su finalidad sea la de suprimir barreras arquitectónicas.

CUESTIÓN

Si en el edificio ya se ha instalado un salvaescaleras y con posterioridad la comunidad decide bajar a cota cero el ascensor, ¿puede entenderse que dicha obra se produce para la eliminación de barreras?

En algunos casos sí, y encontramos una muestra de ello en la SAP de Cantabria n.º 111/2022, de 28 de febrero, ECLI:ES:APS:2022:232, en la que se estableció:

«(...) El demandado cuestiona también la decisión misma de bajar el ascensor a cota cero, entendiendo que la comunidad ya había acordado en 2015 un ajuste razo-

55

nable y suficiente, como fue la instalación de un salva-escaleras; pero como se desprende del informe aportado y las aclaraciones en juicio de la técnico que lo redactó, tal ajuste no es suficiente ni satisfactorio, pues su empleo resulta dificultoso y hasta peligroso en la meseta de embarque al ascensor, por lo que no puede considerarse la bajada a cota cero como innecesaria o inexigible cuando es precisamente la medida que más asegura la accesibilidad, ni puede verse en su adopción la contravención de un acto propio a la vista de la insuficiencia del primer ajuste de accesibilidad realizado de que dio cuanta la Sra. Arquitecto, que afirmó con rotundidad que no cumple las exigencias de accesibilidad (...)».

‖ Contribución a los gastos de bajada a cota cero

Respecto a los gastos de la obra todos los propietarios deben contribuir al coste que suponga la bajada a cota cero, con independencia de que en los estatutos se recoja la exención de los gastos del servicio de ascensor. Esto se concluye de la doctrina del Tribunal Supremo en cuanto a la interpretación de las cláusulas que determinan la exención, pudiendo citar como ejemplo la **STS n.° 381/2018, de 21 de junio, ECLI:ES:TS:2018:2387**:

«(...) el alcance de la exención relativa a obras de adaptación o sustitución de los ascensores no resulta comparable a aquellos supuestos en donde la instalación del ascensor se realiza por primera vez, pues se trata de garantizar la accesibilidad y mejora general del inmueble; la razón de ello, se dice, es por analogía. Ahora bien, ello no determina una solución jurídica distinta, puesto que la adoptada en la sentencia no se opone a lo dispuesto en reiteradas decisiones de esta Sala:

(i) las cláusulas de exención del deber de participar en las reparaciones ordinarias y extraordinarias han de interpretarse siempre restrictivamente de modo que no abarquen los gastos de instalación de ascensor; supuestos que tratan de garantizar la accesibilidad y la mejora general del inmueble (sentencias 691/2012, de 13 de noviembre).

(ii) sobre la interpretación y delimitación del término gastos, tal y como fija la sentencia 620/2010, de 20 de octubre , y reitera la 691/2012, de 13 de noviembre , en los supuestos en los que la instalación de un ascensor en un edificio que carece de este y que resulta necesario para la habitabilidad del inmueble, constituya un servicio o mejora exigible, la cual incrementa el valor del edificio en su conjunto y redunda en beneficio de todos los copropietarios, todos los comuneros tienen la obligación de contribuir a los mismos sin que las cláusulas de exención del deber de participar en las reparaciones ordinarias y extraordinarias haya de interpretarse como exoneración del deber de contribuir a los gastos de instalación de ascensor.

(iii) La instalación del ascensor, y aquí la ampliación de su trayectoria («a cota cero»), ha de reputarse no solo exigible, sino también necesaria y requerida para la habitabilidad y uso total del inmueble, impuesta por la normalización de su disfrute por todos los vecinos, y no como una simple obra innovadora de mejora (sentencias 797/1997, de 22 de septiembre , y 929/2006, de 28 de septiembre); accesibilidad que está presente tanto cuando se instala ex novo el ascensor, como cuando se modifica de forma relevante para bajarlo a «cota cero», y si obligado está el comunero a contribuir a los gastos de instalación de ascensor, obligado lo estará también, en casos como el enjuiciado, de los destinados a completar la instalación ya existente para la eliminación de barreras arquitectónicas, más propios de una obra nueva que de mantenimiento o adaptación del ascensor».

6.
ACCIONES DEL ARRENDATARIO AFECTADO POR LA INSTALACIÓN DE ASCENSOR

El art. 18.2 de LPH reconoce legitimación para impugnar los acuerdos de la junta a los propietarios, estableciendo en este sentido:

> «Estarán legitimados para la impugnación de estos acuerdos los propietarios que hubiesen salvado su voto en la Junta, los ausentes por cualquier causa y los que indebidamente hubiesen sido privados de su derecho de voto. Para impugnar los acuerdos de la Junta el propietario deberá estar al corriente en el pago de la totalidad de las deudas vencidas con la comunidad o proceder previamente a la consignación judicial de las mismas (...)».

Este precepto limita la posibilidad de impugnar los acuerdos a terceros que no sean propietarios. Así lo han venido estableciendo los tribunales, como la AP de Valencia que en la **sentencia n.º 277/2018, de 29 de junio, ECLI:ES:APV:2018:3573**, estableció:

> «Analizando con carácter previo de oficio, como ordena el artículo 9 LEC, la legitimación del actor para ejercitarla acción de impugnación de acuerdos de la junta de propietarios, corresponde entender que carece de la misma por no disponer de la cualidad de dueño del local que ocupa, pues los únicos legitimados para efectuar la impugnación son los propietarios conforme al tenor del artículo 18-2 LPH. Así, el artículo 10 LEC solo considera legitimados, como regla general, a los que actúen en juicio como titulares de la relación jurídica u objeto litigios, y esta corresponde a los propietarios conforme al precepto antes aludido de la LPH».

Cuestión distinta es que los ocupantes, cualquiera que sea su título, en caso de que se produzca una lesión directa de sus intereses puedan ejercitar la acción derivada de la responsabilidad civil prevista en los arts. 1902 y siguientes del CC. Esta posibilidad ha sido reconocida por algunos tribunales tal y como se recoge en la **SAP de Madrid n.º 80/2022, de 24 de febrero, ECLI:ES:APM:2022:2808**:

> «"El arrendatario financiero carece de acción para ejercitar acciones puramente dominicales como son la impugnación de acuerdos comunitarios,

o como es el caso la petición de restitución de los elementos comunes a la situación que supuestamente tenían al momento de promulgarse título constitutivo de la comunidad. Otra cosa es que excepcionalmente puedan tener legitimación activa los arrendatarios sean financieros ordinarios en casos en que se produzca una lesión directa de sus derechos sobre la cosa de violencia, el caso de acciones derivadas del artículo 1.902 del Código Civil (LEG 1889, 27) EDL 1889/1 , pues en tal caso puede llegarse a la conclusión de que el arrendatario es quien realmente ha sufrido el perjuicio por el que se demanda, pero en cualquier caso el interés que pueda tener un arrendatario no le faculta para interponer acciones privativas y derivadas de la situación de propiedad o son la relativas a la impugnación de acuerdos comunitarios, pidiendo la nulidad de los mismos, o las relacionadas con obras efectuaron elementos comunes para dotar al local comercial de la salida que según el título constitutivo tenía, acciones para los que es competente el propietario"».

¿Puede el arrendatario solicitar indemnización a la comunidad?

La instalación de un ascensor puede perjudicar los intereses del arrendatario. Estos perjuicios derivan de las obligaciones que se establecen en el art. 9.1.c) de la LPH. Este precepto establece la obligación del propietario de consentir en su vivienda o local las reparaciones que exija el servicio del inmueble y permitir en él servidumbres imprescindibles requeridas para la realización de obras o la creación de servicios comunes. Este mismo artículo reconoce el derecho del propietario a ser indemnizado por los daños y perjuicios que se le ocasionen.

En todo caso esta indemnización le corresponde al propietario, así lo determina el mentado precepto y así se deriva de lo establecido en la **STS n.º 819/2010, de 15 de diciembre, ECLI:ES:TS:2010:6691**, que con relación a las consecuencias respecto a los arrendamientos señala lo siguiente:

«(...) una indemnización dineraria por todas las consecuencias que la instalación del ascensor pueda producir a las demandadas en la relación arrendaticia existente en el local, debidamente acreditadas, incluidas posibles reducciones de la renta a percibir por la parte demandada durante la ejecución de las obras precisas para la instalación del ascensor u otras vicisitudes que, como consecuencia de las mismas, afecten a la relación arrendaticia (...)».

De lo expuesto se concluye que el arrendatario no puede solicitar directamente indemnización por los perjuicios que le pueda causar la instalación de un ascensor, sino que esta indemnización corresponde en exclusiva al propietario.

Acciones del arrendatario frente al arrendador

Como hemos visto el arrendatario no dispone de ninguna acción que pueda ejercitar frente a la comunidad de propietarios, sin embargo, ello no impide que pueda ejercitar sus derechos frente al arrendador. En este caso el arrendatario podrá exigir del arrendador:

- Una rebaja de la renta en proporción a la parte de la vivienda de la que se haya visto privado.
- Una indemnización de los gastos que las obras le obliguen a efectuar.
- Una suspensión del contrato.
- O incluso podrá desistir del arrendamiento.

Estas posibilidades las encontramos en la regulación de la LAU. En primer lugar, debemos señalar que la instalación de un ascensor constituye una obra de mejora por ello debemos acudir al art. 22 de la LAU que dispone:

«1. El arrendatario estará obligado a soportar la realización por el arrendador de obras de mejora cuya ejecución no pueda razonablemente diferirse hasta la conclusión del arrendamiento.

2. El arrendador que se proponga realizar una de tales obras deberá notificar por escrito al arrendatario, al menos con tres meses de antelación, su naturaleza, comienzo, duración y coste previsible. Durante el plazo de un mes desde dicha notificación, el arrendatario podrá desistir del contrato, salvo que las obras no afecten o afecten de modo irrelevante a la vivienda arrendada. El arrendamiento se extinguirá en el plazo de dos meses a contar desde el desistimiento, durante los cuales no podrán comenzar las obras.

3. El arrendatario que soporte las obras tendrá derecho a una reducción de la renta en proporción a la parte de la vivienda de la que se vea privado por causa de aquéllas, así como a la indemnización de los gastos que las obras le obliguen a efectuar».

Por otro lado, el art. 26 de la LPH reconoce el derecho a la suspensión o a desistir del contrato en caso de que se realicen en la vivienda arrendada obras de conservación u obras acordadas por una autoridad competente. La suspensión o el desistimiento se podrá hacer cuando las obras hagan inhabitable la vivienda.

A TENER EN CUENTA. Los arts. 22 y 26 de la LAU se refieren a las viviendas, pero resultan de aplicación también a los locales conforme a lo dispuesto en el art. 30 de la LPH.

7.
EL IMPACTO DE LA INSTALACIÓN DE ASCENSORES EN LOS LOCALES COMERCIALES

Una de las problemáticas más recurrentes relacionadas con la instalación de los ascensores la encontramos en cómo afectará la misma a los locales o garajes, que en muchas ocasiones no cuentan con entrada al portal, y por tanto se verán privados de su uso.

Las cuestiones más frecuentes que los propietarios de los locales suelen llevar a los tribunales están relacionadas con:

- La contribución a los gastos de la instalación.
- Las posibles servidumbres que afectan a su propiedad.

Con relación a la **contribución a los gastos que conlleva la instalación del ascensor**, el Tribunal Supremo ha sido claro al entender que cuando se trata de la instalación *ex novo* del ascensor, lo propietarios de los locales comerciales y de los garajes también deberán contribuir a los gastos que conlleva.

Ya la **sentencia del Tribunal Supremo n.º 202/2014, de 23 de abril, ECLI:ES:TS:2014:2390, o la n.º 381/2018, de 21 de junio, ECLI:ES:TS:2018:2387**, se pronuncian en el sentido de entender que la contribución a la instalación de ascensores o plataformas elevadoras para garantizar la accesibilidad y mejora del inmueble con la finalidad de suprimir las barreras arquitectónicas que dificulten el acceso o la movilidad de las personas en situación de discapacidad resulta obligatoria también para los propietarios de los locales.

Si bien es habitual que se incluya en los estatutos de la comunidad una exención de los gastos del portal y de los ascensores a los bajos, nuestro Alto Tribunal ha entendido que ésta no puede afectar a la instalación *ex novo*, o la bajada a cota cero, ya que en estos casos no estaríamos ante una simple mejora.

En concreto la **STS n.º 381/2018, de 21 de junio, ECLI:ES:TS:2018:2387** recuerda que:

> **«(i) las cláusulas de exención del deber de participar en las reparaciones ordinarias y extraordinarias han de interpretarse siempre restrictiva-**

mente de modo que **no abarquen los gastos de instalación de ascensor;** supuestos que tratan de garantizar la accesibilidad y la mejora general del inmueble (sentencias 691/2012, de 13 de noviembre).

(ii) sobre la interpretación y delimitación del término gastos, tal y como fija la sentencia 620/2010, de 20 de octubre , y reitera la 691/2012, de 13 de noviembre , en los supuestos en los que la instalación de un ascensor en un edificio que carece de este y que resulta necesario para la habitabilidad del inmueble, constituya un servicio o mejora exigible, la cual incrementa el valor del edificio en su conjunto y redunda en beneficio de todos los copropietarios, todos los comuneros tienen la obligación de contribuir a los mismos sin que las cláusulas de exención del deber de participar en las reparaciones ordinarias y extraordinarias haya de interpretarse como exoneración del deber de contribuir a los gastos de instalación de ascensor.

(iii) La instalación del ascensor, y aquí la ampliación de su trayectoria («a cota cero»), ha de reputarse no solo exigible, sino también necesaria y requerida para la habitabilidad y uso total del inmueble, impuesta por la normalización de su disfrute por todos los vecinos, y no como una simple obra innovadora de mejora (sentencias 797/1997, de 22 de septiembre , y 929/2006, de 28 de septiembre); accesibilidad que está presente tanto cuando se instala ex novo el ascensor, como cuando se modifica de forma relevante para bajarlo a «cota cero», y si obligado está el comunero a contribuir a los gastos de instalación de ascensor, obligado lo estará también, en casos como el enjuiciado, de los destinados a completar la instalación ya existente para la eliminación de barreras arquitectónicas, más propios de una obra nueva que de mantenimiento o adaptación del ascensor».

Sobre la contribución de los locales y la equiparación de la **bajada a cota cero** con la instalación del ascensor por primera vez también se ha pronunciado la **STS n.º 216/2019, de 5 de abril, ECLI:ES:TS:2019:1090,** o la **STS n.º 276/2021, de 10 de mayo, ECLI:ES:TS:2021:1792,** que de manera contundente recuerda que: «Esta sala ha declarado (...) que la instalación de un nuevo servicio de ascensor, debe ser sufragado asimismo por los dueños de los locales, ya que solo estaban exentos de su conservación o mantenimiento (artº 10 de la LPH)», para acabar concluyendo que: «(...) debe entenderse que la bajada a cota 0, se encuentra comprendida dentro de los gastos de instalación, que no de conservación o mantenimiento».

Con relación a los **gastos de sustitución de un ascensor ya existente,** la postura de nuestro Alto Tribunal mantiene que los mismos sí tienen cabida en la exclusión a la contribución genérica que contienen gran parte de los estatutos comunitarios. En este sentido podemos citar la **STS n.º 38/2014, de 10 de febrero, ECLI:ES:TS:2014:232,** en la que se establece que:

«La aplicación de la jurisprudencia citada exige la estimación del recurso. El alcance de la exención relativa a obras de adaptación o sustitución de los ascensores no resulta comparable a aquellos supuestos en que la instalación del ascensor se realiza por primera vez. En estos últimos supuestos, se trata de garantizar la accesibilidad y la mejora general del inmueble, por lo que la conclusión que ahora se alcanza, no se opone a lo dispuesto en otras decisiones adoptadas por esta Sala (STS de 20 de octubre de 2010, RC núm. 2218/2006 , entre otras) en la que se establece que las cláusulas que eximen del deber de contribuir a «gastos de conservación, limpieza, alumbrado de portales y escaleras» a los propietarios de locales que no tienen acceso por dichos portales, deben entenderse en el sentido de que no les libera del deber de contribuir a sufragar los gastos de instalación de los mismos, en aquellos casos en los que es necesaria para la adecuada habitabilidad del inmueble, puesto que en el caso que nos ocupa se trata de la sustitución o cambio de un ascensor ya existente y no de su instalación originaria. En definitiva, el acuerdo por el que se decidió que el demandante-recurrente pagara la parte correspondiente del ascensor en la realización de las obras de sustitución del ascensor, pese a la exención contenida en los estatutos de la comunidad en relación a estos gastos a favor del titular de los locales de su propiedad, es nulo».

A TENER EN CUENTA. Si bien en la mayoría de los supuestos los gastos de sustitución del ascensor se encontrarían incluidos en la exclusión genérica que pusiesen tener los estatutos, en algunos casos la contribución al coste de dicha sustitución sí ha sido considerada como obligatoria para los bajos cuando se estime como una mejora necesaria para la adecuada accesibilidad del inmueble. Véase por ejemplo la sentencia de la Audiencia Provincial de Álava n.º 979/2023, de 28 de junio, ECLI:ES:APVI:2023:692.

CUESTIÓN

¿Puede acordarse en la junta que apruebe la instalación del ascensor que los bajos no tengan que contribuir al pago de los gastos?

Sí, tal y como mantiene el Tribunal Supremo, podría acordarse que los locales no tengan que asumir el coste, y para ello se requeriría la misma mayoría que para aprobar la instalación. En este sentido podemos citar, por ejemplo, la STS n.º 197/2021, de 12 de abril, ECLI:ES:TS:2021:1350, que valida un acuerdo en el que eximía del pago de los costes a los propietarios de los locales comerciales, y no a los de las viviendas en la planta baja, señalando que: «(...) es posible una distribución de gastos que no coincida con la cuota de participación en elementos comunes, en casos como el analizado, pues el propio art. 9 de la LPH permite que se contribuya con arreglo 'a lo especialmente establecido', acuerdo que al estar 'asociado' al de instalación se aprueba por mayoría, pero que no podrá lesionar gravemente a ningún propietario (sentencia 777/2014, de 23 de diciembre, rec. 1428/2012)».

CONTRIBUCIÓN DE LOS LOCALES A LA INSTALACIÓN DEL ASCENSOR CUANDO EXISTE UNA CLÁUSULA GENÉRICA DE EXONERACIÓN DE PAGO	Instalación *ex novo*	**Sí** tienen obligación de contribuir
	Bajada a cota cero	
	Reforma del ascensor ya existente	**No** tienen obligación de contribuir
	Mantenimiento	

65

Otra de las causas que, como ya adelantamos, genera mayor controversia es la **ocupación de parte de alguno de los locales o garajes para la instalación del ascensor**, ya que si se dan los requisitos para el establecimiento de la servidumbre, la ley ampara a la comunidad que quiere instalar el ascensor, pero los propietarios de los locales en muchas ocasiones no se muestran conformes ya sea por entender que se menoscaba la funcionalidad del local, o por no estar conforme con la indemnización ofrecida.

CUESTIÓN

¿Cuáles son los requisitos que deben de cumplirse para poder establecer una servidumbre que permita la instalación del ascensor?

Jurisprudencialmente se han establecido los siguientes requisitos:

– La instalación del ascensor ha de considerarse necesaria y requerida para la habitabilidad y uso del inmueble.

– La servidumbre no puede suponer la pérdida de habitabilidad y funcionalidad de la vivienda o local afectado.

– Debe indemnizarse debidamente al propietario perjudicado.

– Los acuerdos adoptados por la junta de propietarios con relación a la instalación del ascensor, y el proyecto que incluya la servidumbre, deben de contar con las mayorías legalmente establecidas.

El Tribunal Supremo se ha pronunciado sobre la legalidad de estas servidumbres, destacando la importancia de realizar un juicio de ponderación de los bienes jurídicos protegidos, valorando el derecho del propietario a no ver alterado o perturbado su derecho de propiedad, pero también el derecho de la comunidad a instalar el ascensor, teniendo en cuenta el alcance de esa afección sobre el elemento privativo respecto a que pueda impedir o mermar sustancialmente su aprovechamiento. **(STS n.º 148/2016, de 10 de marzo, ECLI:ES:TS:2016:979).**

CUESTIÓN

Si el propietario de un local arrendado se ve afectado por la instalación de un ascensor, ¿quién debe gestionar con el arrendatario el permiso para permitir en el inmueble las obras necesarias? ¿El propietario del local o la comunidad de propietarios?

La Audiencia Provincial de Zaragoza da respuesta a esta cuestión en su **sentencia n.º 70/2019, de 1 3 de marzo, ECLI:ES:APZ:2019:1051,** en la cual resolvió un supuesto en el que la propietaria entendía que al no ser ella la poseedora inmediata no puede imponérsele a ella la obligación de consentir la entrada y acceso al inmueble de su propiedad para las obras. La audiencia recuerda que el art. 9 de la LPH regula las obligaciones de los propietarios, y que el arrendamiento únicamente le afecta a ella, siendo por tanto la propietaria la que debe realizar lo oportuno para que el arrendatario facilite el acceso al que ella está obligada como propietaria. Concluyendo, además, que: «La recurrente alcanzó un acuerdo con la comunidad, con un determinado precio por metro cuadrado de ocupación. A partir de ese momento le compete a ella dar efectividad al acuerdo comunitario y ejercitar, en la esfera del vínculo obligacional, la del arrendamiento las actuaciones y acciones necesarias para que el arrendatario autorice materialmente la ocupación».

8.
REGULACIÓN DEL CÓDIGO CIVIL DE CATALUÑA EN LA INSTALACIÓN DE ASCENSORES

La regulación relativa a la instalación de ascensores conforme al derecho de Cataluña, la encontramos en la Ley 5/2006, de 10 de mayo, del libro quinto del Código Civil de Cataluña, relativo a los derechos reales, principalmente en los arts. 553-41 a 553-47 del CCCat en el que se regulan los elementos comunes en la propiedad horizontal simple. El ascensor constituye un elemento común ya que así lo define el art. 553-41 del CCCat cuando establece:

«Son elementos comunes el solar, los jardines, las piscinas, las estructuras, las fachadas, las cubiertas, los vestíbulos, las escaleras y los ascensores, las antenas y, en general, las instalaciones y los servicios de los elementos privativos que se destinan al uso comunitario o a facilitar el uso y disfrute de dichos elementos privativos».

Acuerdo para la instalación

Para el acuerdo de instalación del ascensor el art. 553-25.2 del CCCat establece un régimen de mayoría simple de los propietarios que hayan participado en la votación, que tiene que representar, al mismo tiempo, la mayoría simple del total de sus cuotas de participación.

El acuerdo que se haya adoptado para la instalación del ascensor puede ser impugnado judicialmente:

– Si es contrario a las leyes, al título de constitución o a los estatutos o si, dadas las circunstancias, implican un abuso de derecho.

– Si es contrario a los intereses de la comunidad o son gravemente perjudiciales para uno de los propietarios.

CUESTIONES

1. ¿Quiénes están legitimados para impugnar los acuerdos de la junta?

Conforme señala el art. 553-31 del CCCat están legitimados los propietarios que han votado en contra, los ausentes que se han opuesto y los que han sido privados ilegítimamente del derecho de voto. Para poder ejercer la acción es necesario que estén al corriente de pago de las deudas de la comunidad que estén vencidas en el momento de adopción del acuerdo o haber consignado su importe.

2. ¿En qué plazo debe impugnarse el acuerdo de instalación?

La acción caduca:

- Si el acuerdo es contrario a las leyes, al título de constitución o a los estatutos o si, dadas las circunstancias, implican un abuso de derecho en el plazo de un año.

- Si el acuerdo es contrario a los intereses de la comunidad o gravemente perjudicial para uno de los propietarios, en el plazo de tres meses.

- Los plazos se computan desde la notificación del acta o del anexo de esta.

Con el objetivo de remover los obstáculos que impidan la accesibilidad del edificio, el apartado 5 del art. 553-25 del CCCat regula un **sistema subsidiario para el supuesto de que no se alcance la mayoría** exigida para el acuerdo en caso de que en la vivienda viva o trabaje alguna persona con discapacidad o que sea mayor de setenta años. El mentado precepto establece:

«Los propietarios o titulares de un derecho posesorio sobre el elemento privativo, en caso de que ellos mismos o las personas con quienes conviven o trabajan sufran alguna discapacidad o sean mayores de setenta años, si no consiguen que se adopten los acuerdos a qué hacen referencia las letras a) y b) del apartado 2, pueden pedir a la autoridad judicial que obligue a la comunidad a suprimir las barreras arquitectónicas o a hacer las innovaciones exigibles, siempre que sean razonables y proporcionadas, para alcanzar la accesibilidad y transitabilidad del inmueble en atención a la discapacidad que las motiva».

La Audiencia Provincial de Barcelona en la **sentencia n.º 669/2023, de 6 de noviembre, ECLI:ES:APB:2023:11273,** con relación a este precepto ha señalado que: «Conforme a la literalidad del precepto, la intervención judicial a los efectos de la supresión de las barreras arquitectónicas podría ser promovida por un solo propietario en el que concurrieran las razones de edad o discapacidad a las que se ha hecho referencia, incluso cuando la actuación pretendida comporte una afectación de la estructura o configuración exterior del edificio».

A TENER EN CUENTA. Con relación a la supresión de barreras arquitectónicas también hay que tener presente la Ley 13/2014, de 30 de octubre, de accesibilidad de Cataluña, desarrollada por el decreto 209/2023, de 28 de noviembre, por el que se aprueba el Código de accesibilidad de Cataluña, recogiendo la primera de dichas normas en su art. 17.1 que:

«Las zonas comunes de los edificios plurifamiliares donde residan personas con discapacidad, o personas mayores de setenta años, deben tener las condiciones de accesibilidad adecuadas a sus necesidades de acceso a la vivienda, de comunicación y de interacción con el acceso al edificio que sean técnicamente posibles. Corresponde a la comunidad de propietarios, o al propietario único del edificio, llevar a cabo y sufragar las actuaciones y las obras de adecuación necesarias».

En cuanto al procedimiento a seguir para que el juez supla la autorización de la junta de propietarios el CCCat no ha establecido nada al respecto, es por ello que el TSJ de Cataluña ha ido perfilando los criterios que deben tenerse en cuenta para conceder o no la autorización. Así la **STSJ de Cataluña n.º 36/2012, de 11 de junio, ECLI:ES:TSJCAT:2012:8891** recoge lo siguiente:

«Necesariamente el Tribunal, acreditada la negativa de la Comunidad a la realización de las obras demandadas, deberá realizar un **juicio ponderado sobre las necesidades de tales vecinos y las posibilidades de realización y asunción de las obras por los restantes,** partiendo de que, en abstracto, los derechos de los primeros resultan más relevantes que los de los segundos en atención al valor superior que el principio de igualdad tiene sobre los derechos dominicales que desarrollan las normas relativas a la propiedad horizontal.

Ello implica que en tal juicio de ponderación o proporcionalidad deba el Tribunal considerar, por un lado, la clase y tipo de minusvalías físicas o la edad de los concretos peticionarios incluso su número, con independencia de que tales discapacidades hayan sido determinadas en vía administrativa y, de otro, sin ánimo exhaustivo: a) el mantenimiento del propio sistema; b) los derechos que en su caso podrían resultar afectados por la instalación; c) el coste total de las obras; d) la capacidad de la Comunidad y de sus miembros para llevarlas a cabo sin afectar a su propia subsistencia; d) las ayudas oficiales previstas y con las que podría contar la Comunidad para sufragar las obras»

Precisa el tribunal en la mentada sentencia que el silencio de la norma no debe entenderse como que los tribunales estén obligados a acceder en todo caso a la demanda, sino que estos deben hacer un juicio de equidad en función de las circunstancias de cada caso concreto.

Gastos derivados de la instalación

Los gastos originados por la supresión de barreras arquitectónicas o la instalación de ascensores son de cargo de todos los propietarios si derivan de un acuerdo de la junta. En caso de que, en virtud del art. 553-25.5 del CCCat, deriven de una decisión judicial será la autoridad judicial quien fije el importe en función de los gastos ordinarios comunes de la comunidad.

Con relación a la distribución de estos gastos debemos atender a lo establecido en el art. 553-45 del CCCat, que dispone que los propietarios deben sufragar los gastos comunes en proporción a su cuota de participación o de acuerdo con las especialidades fijadas por el título de constitución, los estatutos o los acuerdos de la junta. Esta previsión supone, por regla general, que la instalación de un ascensor en un edificio que carecía del mismo y que es necesario para la habitabilidad del inmueble, constituye un servicio o mejora exigible al que deben contribuir todos los propietarios.

Es necesario tener presente que en virtud del art. 553-11.2.b) del CCCat son válidas las cláusulas estatutarias que exoneran a determinados propietarios de elementos privativos de la obligación de satisfacer los gastos de conservación de los ascensores. En caso de que el estatuto no tenga previsto ninguna exoneración la misma también podrá establecerse mediante acuerdo de la comunidad de propietarios. Dicho acuerdo requiere su aprobación por el voto favorable de las 4/5 partes de los propietarios con derecho al voto, que tienen que representar al mismo tiempo las 4/5 partes de las cuotas de participación.

> **RESOLUCIÓN RELEVANTE**
>
> **STSJ de Cataluña n.º 27/2022, de 26 de mayo, ECLI:ES:TSJCAT:2022:7313**
>
> *«En dicha doctrina se establece que, si para alterar las cuotas de participación fijadas en el título de propiedad se requiere de la unanimidad, esta no será necesaria para adoptar acuerdos de distribución de gastos comunes diferentes a los que resultarían de la aplicación del reparto según la cuota de participación, bastando con la mayoría de 4/5 de los propietarios que representen los 4/5 de las cuotas de participación si supone modificación del título o de los estatutos, en el bien entendido de que si los acuerdos se han adoptado en otra forma, serán susceptibles de ser modificados y volver a lo que se prevea en el título o en los estatutos por mayoría simple».*

Los apartados 2 y 4 del art. 553-45 del CCCat establecen dos previsiones especiales: una sobre la falta de uso y disfrute y otra con relación al uso o disfrute intensivo del elemento común. Con relación a estas materias el artículo señala:

> *«2. La falta de uso y disfrute de elementos comunes concretos no exime de la obligación de sufragar los gastos que derivan de su mantenimiento, salvo que una disposición de los estatutos, que solo puede referirse a servicios o elementos especificados de forma concreta, establezca lo contrario y sin perjuicio de lo establecido por el artículo 553-30.2.*
>
> *(...)*
>
> *4. El título de constitución puede establecer un incremento de la participación en los gastos comunes que corresponde a un elemento privativo concreto, en el caso de uso o disfrute especialmente intensivo de elementos o servicios comunes como consecuencia del ejercicio de actividades empresariales o profesionales en el piso o el local. Este incremento también puede acordarlo la junta de propietarios. En ninguno de los dos casos, el incremento puede ser superior al doble de lo que le correspondería por la cuota»*

> **CUESTIÓN**
>
> **Los locales que, por no tener acceso a las escaleras, no pueden hacer uso del ascensor que se ha acordado instalar, ¿deben pagar los gastos de instalación?**
>
> Sí, y así lo ha declarado la Audiencia Provincial de Barcelona en la sentencia n.º 380/2023, de 13 de julio, ECLI:ES:APB:2023:7436:
>
> *«3. Los gastos originados por la supresión de barreras arquitectónicas o la instalación de ascensores y los que hagan falta para garantizar la accesibilidad y la habitabilidad del edificio son a cargo de todos los propietarios si derivan de un acuerdo de la junta. Si derivan de una decisión judicial conforme al artículo 553-25-5, la autoridad judicial es quien fija el importe en función de los gastos ordinarios comunes de la comunidad."*
>
> *De donde se colige que sí existe obligación legal dimanante del citado apartado 3 de subvenir también los locales a los gastos de instalación y mantenimiento de*

ascensor si tal decisión ha sido debidamente acordada en junta. Y ello por tanto, con independencia de si ocuparán tales ascensores las cajas de escalera o no y de si debían sufragar los locales 1,2,3 los gastos de escalera o no».

Servidumbre para la instalación de ascensor

Con relación a la posible constitución de servidumbres en el Derecho Catalán, hay que diferenciar dos supuestos:

– El regulado en el art. 553-39.2 del CCCat, según el cual únicamente podrían establecerse las servidumbres sobre los anexos de las viviendas o locales

– El regulado en la Ley de accesibilidad de Cataluña, y en el Código de Accesibilidad de Cataluña, conforme a los que se podría acudir a la Administración para que llevar a cabo una expropiación siempre y cuando el elemento privativo no constituya vivienda estricta.

Conforme establece el art. 553-39.2 del CCCat, la comunidad puede exigir la constitución de las servidumbres permanentes sobre los anexos de los elementos de uso privativo si son indispensables para la ejecución de los acuerdos de supresión de las barreras arquitectónicas o de mejora adoptados por la junta de propietarios o para el acceso a elementos comunes que no tengan otro.

La redacción del precepto lleva a determinar que la servidumbre únicamente puede establecerse sobre los anexos de las viviendas o locales esto supone una restricción de las posibilidades en este ámbito, no pudiendo privarse, conforme al CCCat, a un propietario de una parte de su vivienda o local. En este sentido se ha pronunciado la **SAP de Lleida n.º 305/2023, de 27 de marzo, ECLI:ES:APL:2023:362**:

> «Tras esta Ley de 2015 sólo puede privarse a un propietario de un anexo de un local o una vivienda. La redacción del precepto es la siguiente: "La Comunidad puede exigir la constitución de servidumbres permanentes sobre los anexos de los elementos de uso privativo si son indispensables para la ejecución de los acuerdos de supresión de las barreras arquitectónicas o de mejoras adoptadas por la Junta de Propietarios o para el acceso a elementos comunes que no tengan otro". Se ha producido, por tanto, una evidente restricción de las posibilidades en este ámbito. Ahora no puede instalarse un ascensor privando a un propietario de una parte de su local. Sólo puede privarse de un "anexo" o parte de él.
>
> La Ley no define qué debe entenderse por " anexo". Antes de la reforma de 2015 el Art. 553-35 consideraba anexos las plazas de aparcamiento, los boxes y los trasteros. Después de la reforma sólo se refiere a los anexos como espacios definidos como tales en el título constitutivo (...)».

CUESTIÓN

¿Qué debe entenderse por anexos?

Para delimitar qué elementos se consideran anexos debe atenderse a lo que disponga el título de constitución de la propiedad horizontal conforme se establece en el art. 553-35 del CCCat.

En este punto también debe tenerse en cuenta lo previsto en los apartados 2 y 3 del art. 59 de la Ley de accesibilidad de Cataluña, la cual se encarga de la constitución de servidumbres cuando sea necesario para la supresión de barreras arquitectónicas en los edificios de viviendas, limitando esta posibilidad a los elementos de uso privativo que no sean «vivienda estricta», señalando al respecto:

«2. Las comunidades de propietarios sometidas al régimen de propiedad horizontal pueden exigir la constitución de servidumbres permanentes sobre elementos de uso privativo distintos de la vivienda estricta si son indispensables para la ejecución de los acuerdos de supresión de barreras arquitectónicas adoptados por la junta y los espacios ocupados por la servidumbre no inutilizan funcionalmente las fincas afectadas. En este supuesto, la comunidad de propietarios debe resarcir de los daños y el menoscabo causados en los elementos privativos o comunes afectados.

3. Las administraciones públicas, previo acuerdo de la comunidad de propietarios, y a instancia de esta, pueden ejercer, en caso de que el propietario del elemento privativo no permita la ejecución de las obras o la constitución de la servidumbre, la potestad expropiadora cuando dicha actuación sea imprescindible para que el acceso a las viviendas desde la vía pública tenga unas condiciones de accesibilidad adecuadas a las personas que residen en ella. En este supuesto, la comunidad de propietarios será la beneficiaria de la expropiación y deberá indemnizar a las personas afectadas por esta y costear las obras. Deben establecerse, por reglamento, las condiciones para aplicar este supuesto».

A TENER EN CUENTA. El art. 150 del Código de accesibilidad de Cataluña establece las condiciones de la potestad expropiatoria de la administración la ocupación de espacios de uso privativo.

Con relación a la constitución de una servidumbre de ascensor que afecta a un elemento privativo de un propietario, más allá de sus anexos, se ha pronunciado el Tribunal Superior de Justicia de Cataluña en la **sentencia n.º 67/2023, de 1 de diciembre, ECLI:ES:TSJCAT:2023:11915**, en la que establece:

«En resumidas cuentas, tras la aprobación y entrada en vigor del Codi d'Accesibilitat (CA), la constitución de una servidumbre de ascensor en un edificio de uso privado en régimen de propiedad horizontal, que deba afectar a un elemento privativo de un propietario, siempre que no constituya "vivienda estricta", como es el caso de los locales comerciales o de negocios, solo podrá llevarse a cabo por la vía prevista en el art. 59.3 de la Ley 13/2014, en relación con el art. 150 CA, es decir, mediante la expropiación que solicite formalmente la comunidad de propietarios a la Administración Local, cumpliendo una serie de requisitos (los previstos en el art. 150 del Codi d'Accessibilitat), que deberá ser ejecutada por el Ayuntamiento en cuyo término municipal se halle ubicado el edificio, cuando concurran los requisitos previstos en la norma, y cuya actuación estará sometida, como cualquier otra actuación administrativa, al control de la jurisdicción contencioso administrativa - art. 153 c) CE; art. 1 LJCA- y no de la jurisdicción civil, sin que le corresponda a esta Sala explicar las razones últimas de la solución dispar prevista por el legislador catalán en el art. 553- 39.2 CC-Cat para el caso de tratarse de anexos de elementos privativos, sino solo constatarla».

9.
ANÁLISIS JURISPRUDENCIAL DE LA POSTURA DEL TRIBUNAL SUPREMO ANTE DISTINTOS SUPUESTOS

Dada la notable repercusión que tiene la instalación de ascensores en las comunidades de propietarios, tanto por la importancia de eliminar las barreras arquitectónicas y permitir una mejor calidad de vida, como por el alto coste que supone su instalación y la posible afectación de elementos privativos, es importante tener en cuenta la respuesta que nuestro Alto Tribunal ha ido dando ante las cuestiones más relevantes con relación a este tema.

Mayorías exigidas para los acuerdos asociados al acuerdo de instalación del ascensor

Sentencia del Tribunal Supremo, rec. 2029/2006, de 13 de septiembre de 2010, ECLI:ES:TS:2010:4859

Antecedentes de hecho

Se recurre la sentencia de la Audiencia Provincial de Valladolid que estima el recurso planteado y en consecuencia estima la demanda y declara nulos los acuerdos tomados por la comunidad de propietarios en los que se acordaba la permuta del espacio privativo propiedad de los dueños del local comercial por un espacio equivalente del portal perteneciente a la comunidad, además de exonerar al vecino que realiza la permuta de los gastos derivados de la instalación y mantenimiento del ascensor.

Fundamentos de derecho

Se plantea la cuestión de si para la aprobación de los acuerdos relacionados con la instalación del ascensor es necesaria la misma mayoría que la fijada para el acuerdo de instalación en el art. 17.2 de la LPH, a lo que la sala da respuesta mediante el análisis de la decisión adoptaba en supuestos asimilables:

«En la sentencia de 18 de diciembre de 2008, correspondiente al recurso 880/2004 , acreditada la presencia de vecinos minusválidos en la finca, en el marco de la instalación de un ascensor ex novo en la comunidad, se estableció que "a tenor del artículo 17 será suficiente la **simple mayoría** para la supresión de las 'barreras arquitectónicas', que dificulten el acceso y la movilidad de las personas con minusvalía; esta regla permite a la Comunidad imponer esa servidumbre [ocupación de parte de un local privativo para la instalación del ascensor] para la creación de servicios de interés general y cuando el acuerdo de la Junta reúna los presupuestos legales, con el oportuno resarcimiento de daños y perjuicios". Por tanto, en ella **se exige el mismo régimen de mayorías previsto en el artículo 17 LPH para la adopción de aquellos acuerdos que se deriven necesariamente de la instalación del ascensor**, incluido el resarcimiento del daño que la imposición de una servidumbre en un elemento privativo pueda acarrear a alguno de los propietarios.

En aplicación de la anterior doctrina, ha de entenderse que el acuerdo de fecha 15 de junio de 2004 por el cual la comunidad de propietarios recurrente establecía la permuta de una parte del portal comunitario de las mismas dimensiones que la porción de superficie de la que era privado el propietario del local comercial para favorecer la instalación del ascensor, ha de considerarse consecuencia lógica y directa del establecimiento de tal servicio común. Por tanto, **no puede exigirse a tal acuerdo otra mayoría que la establecida en la Ley para la instalación del ascensor, o sea, la mayoría simple** al haberse acreditado la presencia de vecinos minusválidos en la finca, al ser consecuencia directa del acuerdo y por constituir la permuta un negocio jurídico de resarcimiento del daño causado por la servidumbre impuesta. Que en este supuesto de hecho la comunidad hubiera preferido la permuta de espacio común en lugar de una indemnización a tanto alzado como en el supuesto previsto en la Sentencia de 18 de diciembre de 2008, no impide que sea de aplicación el mismo razonamiento que ya se expusiera en tal resolución.

En cuanto al otro acuerdo cuya nulidad se solicitaba por los actores ahora recurridos, la Sentencia de 18 de diciembre de 2008 recaída en el Recurso 2469/2003 consideró, acogiendo el planteamiento de la sentencia de apelación al desestimar el recurso de casación contra ella interpuesto, que el acuerdo por el cual se había **exonerado a un propietario del pago en el futuro de los gastos de reparación, sustitución y mantenimiento del ascensor** "ha sido como contraprestación a la servidumbre impuesta a sus locales para la instalación del ascensor, que es necesaria para la creación de este servicio común de interés general y por el que tiene derecho a ser resarcido por los daños y perjuicios que se le ocasionen (artículo 9 c) de la Ley de Propiedad Horizontal). Si un propietario soporta una servidumbre para permitir el establecimiento de un servicio de interés general autorizada por la mayoría determinada en el artículo 17 de la Ley, la aprobación de la indemnización a percibir por este propietario ha de ser aceptada por idéntica mayoría, y carece de sentido la exigencia de la recurrente con relación a la unanimidad del acuerdo de la indemnización".

En vista de lo anterior, el acuerdo de 15 de junio de 2004 por el cual se exoneraba al propietario del local comercial del pago de los gastos de instalación del ascensor así como los futuros de mantenimiento, fue adoptado por la mayoría necesaria exigida para la instalación del servicio de ascensor, como consecuencia directa de este acuerdo, al ser, en definitiva, una parte de la indemnización por la servidumbre que tal propietario se ve obligado a soportar para la instalación del ascensor».

| Resolución

Se estima el recurso de casación interpuesto por la comunidad de propietarios, casando y anulando la sentencia recurrida, y confirmando la dictada en primera instancia, por la cual se desestimaba la demanda de impugnación de los acuerdos adoptados por la junta de propietarios de la comunidad.

Además, se declara como doctrina jurisprudencial que para la **adopción de los acuerdos que se hallen directamente asociados al acuerdo de instalación del ascensor, aunque impliquen la modificación del título constitutivo, o de los estatutos, se exige la misma mayoría que la Ley de Propiedad Horizontal exige para el acuerdo principal de instalación del ascensor.**

Posibilidad de exonerar a los locales del coste mediante acuerdo de la junta

| Sentencia del Tribunal Supremo n.º 197/2021, de 14 de abril, | ECLI:ES:TS:2021:1350

| Antecedentes de hecho

Los vecinos propietarios de viviendas ubicadas en la planta baja del edificio impugnan el acuerdo adoptado en el que se aprueba la instalación del ascensor exonerando del pago de la misma a los propietarios de los locales comerciales y de los garajes. En primera instancia se estimó la demanda, pero la audiencia provincial descarta el grave perjuicio para los demandantes y el trato discriminatorio por entender que los propietarios de las viviendas de la planta baja sí que obtienen un beneficio, aunque menos intenso que los de las plantas altas, y que se revalorizan los pisos.

| Fundamentos de derecho

La sala recuerda la doctrina sobre las mayorías exigidas para los acuerdos asociados a la instalación del ascensor, que coincide con las exigidas para el acuerdo de la instalación, concluyendo que la distribución de los gastos puede aprobarse con idéntico sistema de mayorías, y que por tanto es viable aprobar una contribución que no coincida con las cuotas de participación cuando no se lesione gravemente a ningún propietario:

«Esta sala, en sentencia 804/2011, de 7 de noviembre y en sentencia de 13 de septiembre de 2010 que la primera cita, entiende que:

'En definitiva, para la adopción de los acuerdos que se hallen directamente asociados al acuerdo de instalación del ascensor, aunque impliquen la modificación del título constitutivo, o de los estatutos, se exige la misma mayoría que la Ley de Propiedad Horizontal exige para tal acuerdo'.

De la referida doctrina se deduce que el acuerdo destinado a la distribución de los gastos de instalación, se ha de aprobar con idéntico sistema de mayorías que el acuerdo de instalación del ascensor, es decir, por mayoría y ello con el fin de no obstaculizar la política legislativa de la LPH tendente a la eliminación de barreras arquitectónicas que dificultan el desenvolvimiento de personas con discapacidad.

Por tanto, es posible una distribución de gastos que no coincida con la cuota de participación en elementos comunes, en casos como el analizado, pues el propio art. 9 de la LPH permite que se contribuya con arreglo 'a lo especialmente establecido', acuerdo que al estar 'asociado' al de instalación se aprueba por mayoría, pero que no podrá lesionar gravemente a ningún propietario (sentencia 777/2014, de 23 de diciembre, rec. 1428/2012).

Por otro lado no consta un grave perjuicio a los demandantes (art. 18 LPH), pues como ya hemos reflejado, en la sentencia recurrida se pondera que las obras han provocado la eliminación de barreras arquitectónicas que facilitan el acceso a los bajos, eliminando mediante rampas y rellanos una cota de 1,12 metros y les revaloriza el piso».

| Resolución

Se desestima el recurso de casación presentado por los propietarios de las viviendas de la planta baja, confirmando, por tanto, la sentencia de la audiencia que consideraba que no existía perjuicio ni discriminación en el acuerdo impugnado.

Contribución de los locales en los gastos de instalación de plataforma elevadora

|| Sentencia del Tribunal Supremo n.º 202/2014, de 23 de abril, || ECLI:ES:TS:2014:2390

| Antecedentes de hecho

Por la comunidad de propietarios se presenta recurso de casación e infracción procesal contra la sentencia de la Audiencia Provincial de Madrid, que declaraba la nulidad del acuerdo adoptado por la comunidad de propietarios relativo a la imputación a la propietaria del local, de los gastos derivados de la plataforma sobreelevadora.

Fundamentos de derecho

La cuestión de fondo que se plantea es si los propietarios de los locales deben de contribuir al pago de los gastos ocasionados por la instalación en el edificio de una plataforma salvaescaleras, para evitar las barreras arquitectónicas, cuando en los estatutos se prevé que están exentos de la contribución a los gastos de ascensor, a lo que la sala da respuesta de la siguiente manera:

«En efecto, como ha declarado esta Sala en su sentencia de 10 de febrero de 2014, (núm. 38/2014), el alcance de la exención relativa a obras de adaptación o sustitución de los ascensores no resulta comparable a aquellos supuestos en donde **la instalación del ascensor se realiza por primera vez;** pues se trata de **garantizar la accesibilidad y mejora general del inmueble.**

La aplicación analógica de esta doctrina jurisprudencial no ofrece duda, conforme a las modificaciones introducidas por la Ley 51/2003, cuando la nueva instalación, y con ella la mejora del inmueble, tiene por objeto la supresión de las barreras arquitectónicas que dificulten el acceso o movilidad de las personas en situación de discapacidad. En el presente caso, la Comunidad de Propietarios adoptó el acuerdo de instalar la plataforma elevadora con tal fin y de imputar sus gastos a todos los propietarios, tanto de viviendas como de locales, de conformidad con las previsiones legales modificando incluso los estatutos de la comunidad, de forma que no cabe estimar la pretensión de la parte demandante respecto a la nulidad del acuerdo adoptado. Extremo que no puede escendirse, pues declarada la validez del mismo procede inevitablemente su aplicación o ejecución respecto del reparto proporcional del coste económico derivado».

Resolución

Se estima el recurso de casación interpuesto y se fija como **doctrina jurisprudencial que el alcance de la exención relativa a obras de adaptación o sustitución de los ascensores, no resulta aplicable a aquellos supuestos en donde la instalación de la plataforma elevadora se realiza para garantizar la accesibilidad y mejora del inmueble con la finalidad de suprimir las barreras arquitectónicas que dificulten el acceso o la movilidad de las personas en situación de discapacidad;** todo ello, conforme a la legalidad del acuerdo adoptado.

Reiteración de doctrina sobre la contribución de los locales en la instalación y las distintas opciones para fijar la contribución

Sentencia del Tribunal Supremo n.º 152/2024, de 6 de febrero, ECLI:ES:TS:2024:475

Antecedentes de hecho

Los propietarios de dos locales comerciales presentaron demanda de impugnación de los acuerdos de la comunidad de propietarios que acordaron la instalación del ascensor y el pago de los gastos correspondientes mediante el coeficiente de participación, entre otras cosas por considerar que están excluidos de los gastos del ascensor conforme a los estatutos. Tanto en primera instancia, como en apelación ante la audiencia provincial se desestima íntegramente la demanda, señalando que en vez de solicitar la exención del pago deberían haber pedido una ponderación del coeficiente atendiendo a las circunstancias existentes.

| Fundamentos de derecho

El Tribunal Supremo reitera su doctrina y destaca que: «Es jurisprudencia consolidada de esta sala que cuando se instala un ascensor *ex novo*, los propietarios de los locales comerciales y de los garajes también deben contribuir al gasto que ello supone, y su exclusión por la falta de uso resultaría abusiva con respecto a los propietarios de las viviendas, puesto que altera las cuotas de contribución a los gastos, por el sobrecoste que la exoneración de algunos comuneros conlleva para el resto, lo que requeriría haber sido aprobado por unanimidad (sentencias 797/1997, de 22 de septiembre; 929/2006, de 28 de septiembre; 342/2013, de 6 de mayo; 202/2014, de 23 de abril; y 678/2016, de 17 de noviembre). El fundamento de dicha doctrina es que la adecuación funcional que supone la instalación de un ascensor antes inexistente no es una simple mejora».

Además, aclara que existen varias posibilidades para el reparto de gastos, y que el elegir la contribución por cuota de participación no puede admitirse como causa de anulabilidad del acuerdo:

> «La razón decisoria de la sentencia recurrida, más allá de algún argumento a mayor abundamiento, no se aparta de esta jurisprudencia. La comunidad, dentro de los márgenes del art. 5 LPH, para afrontar la forma de contribución de los propietarios al gasto de instalación del ascensor ofreció a los comuneros optar entre dos sistemas: el pago por alturas o por coeficiente de participación; y en principio, tan racional resulta uno como otro.
>
> La sentencia de pleno de 24 de diciembre de 2014 (ROJ: STS 5726/2014 - ECLI:ES:TS:2014:5726), invocada en el recurso, no estableció que el único sistema posible de contribución de los propietarios de locales al gasto de instalación del ascensor fuera el de la altura, sino que consideró que ese método era uno de los racionalmente posibles. De hecho, en el caso resuelto por dicha sentencia la opción por el método de la altura suponía que el propietario del local acabara pagando más que si se hubiera utilizado el coeficiente de participación en los elementos comunes. En todo caso, lo relevante es que el **acuerdo que opte por un concreto método de repercusión del gasto no puede lesionar gravemente los intereses de ningún propietario** (art. 18.1 c LPH).
>
> 4.- **La mera disconformidad del recurrente con el método elegido para calcular la derrama no convierte al acuerdo en ilegal o en gravemente perjudicial para sus intereses.** Al contrario, la contribución por coeficiente de participación es la modalidad genérica con la que se sufragan todos los gastos comunes, por lo que difícilmente puede predicarse que, per se, sea extremadamente gravosa».

| Resolución

Se desestima el recurso de los propietarios de los locales, y se confirma la sentencia de la Audiencia Provincial de Valladolid que consideraba válido el acuerdo adoptado por la comunidad de vecinos. Se imponen las costas a los recurrentes.

Contribución de los locales comerciales en los gastos de sustitución del ascensor

|| Sentencia del Tribunal Supremo n.º 38/2014, de 10 de febrero, || ECLI:ES:TS:2014:232

| Antecedentes de hecho

Se interpone recurso de casación por el propietario del local contra la sentencia de la Audiencia Provincial de Santander que confirmaba la sentencia de instancia y desestimaba la demanda interpuesta en la que se solicitaba que se dejara sin efecto y se declarase nulo el punto del acuerdo adoptado en la junta de propietarios que declaraba que los locales propiedad del demandante están exentos de contribuir a los gastos de sustitución de los ascensores de la comunidad.

| Fundamentos de derecho

Se parte en la sentencia del análisis de la cláusula de los estatutos de la comunidad que establece que: «(...) 6.ª "los gastos de conservación y reparación de los ascensores y así como los de conservación, reparación y alumbrado del portal y escaleras serán sufragados por los propietarios de las viviendas e incluso las dependencias del entresuelo comercial con puerta de acceso a la escalera, no contribuyendo a los mismos por no usar de tales elementos, con excepción de los gastos del portal si abren puerta a él, los locales de la planta baja comercial"».

Tras analizar la doctrina del tribunal, concluye la sala que el acuerdo por el que se decidió la contribución del recurrente a los gastos de las obras de sustitución del ascensor es nulo:

«(...) El alcance de la exención relativa a obras de adaptación o sustitución de los ascensores no resulta comparable a aquellos supuestos en que la instalación del ascensor se realiza por primera vez. En estos últimos supuestos, se trata de garantizar la accesibilidad y la mejora general del inmueble, por lo que la conclusión que ahora se alcanza, no se opone a lo dispuesto en otras decisiones adoptadas por esta Sala (STS de 20 de octubre de 2010, RC núm. 2218/2006 , entre otras) en la que se establece que las cláusulas que eximen del deber de contribuir a "gastos de conservación, limpieza, alumbrado de portales y escaleras" a los propietarios de locales que no tienen acceso por dichos portales, deben entenderse en el sentido de que no les libera del deber de contribuir a sufragar los gastos de instalación de los mismos, en aquellos casos en los que es necesaria para la adecuada habitabilidad del inmueble, puesto que en el caso que nos ocupa se trata de la sustitución o cambio de un ascensor ya existente y no de su instalación originaria (...)».

| Resolución

Se estima el recurso de casación, dejando sin efecto la sentencia recurrida, así como la de instancia, y en consecuencia se declara que los locales propiedad del demandante están exentos de contribuir a los gastos de sustitución de los ascensores de la comunidad.

Contribución de los locales comerciales en gastos de reforma de ascensor

Sentencia del Tribunal Supremo n.º 678/2016, de 17 de noviembre, ECLI:ES:TS:2016:5102

| Antecedentes de hecho

Se recurre en casación la sentencia de la Audiencia Provincial de Zaragoza de fecha 11 de noviembre de 2014, que desestimaba la demanda interpuesta por la propietaria de los locales, solicitando la nulidad del acuerdo de la junta general extraordinaria que le obligaba a contribuir en los gastos originados por la supresión de barreras arquitectónicas a realizar en el ascensor y escalera.

Entiende el recurrente que se vulnera la literalidad de los estatutos en los que se dispone que: «1. Los Estatutos de la Comunidad expresamente señalan lo siguiente: a) artículo 1.º, al final, «los dueños de la planta baja o primera de la casa no tienen participación en la escalera ni en el ascensor si llegara a establecerse; b) artículo 14»: «los gastos de conservación, reparación y reconstrucción de las escaleras serán costeados por todos los condueños, excepto los de planta baja o primera y patio posterior, y c) artículo 15: «los dueños de la planta baja estarán exentos de los gastos a que se refiere el artículo anterior y de los de funcionamiento, conservación y reconstrucción del ascensor si se estableciera. Los gastos de escalera y ascensor se dividirán entre los demás condueños en la siguiente proporción...».

| Fundamentos de derecho

Consideran los recurrentes que, además de vulnerarse los estatutos, se está vulnerando la doctrina del TS, entre otros puntos, al no aplicar el criterio de que: «(...) las exenciones genéricas de gastos que afectan a los locales contenidas en las cláusulas estatutarias, con apoyo en el no uso del servicio, comprenden tanto los gastos ordinarios como los extraordinarios».

La sala considera que en la sentencia recurrida «(...) Se confunde lo que es el quorum necesario para aprobar una obra, que se considera necesaria, con el régimen jurídico aplicable a su pago y que se concreta en este caso en el mantenimiento de las exenciones estatutarias, contra lo dispuesto en la sentencia recurrida. Y es que una cosa es la obligatoriedad de las obras y otra distinta el marco legal y estatutario que vincula a los comuneros para su contribución al pago las mismas».

También concluye la sentencia analizada que, en este caso, **no estamos ante un servicio nuevo** al que podría aplicarse la doctrina del Tribunal Supremo según la cual la exención por los estatutos del deber de contribuir a los gastos de conservación de portales y escaleras amparadas en el no uso, no les libera del deber de contribuir a sufragar los gastos de instalación del ascensor.

| Resolución

Se estima el recurso de casación interpuesto por la propietaria de los locales anulando la sentencia de la audiencia y estimando la demanda formulada, declarando que el propietario del local no tiene participación ni obligación de pagar gasto alguno por las obras a realizar en la escalera ni en el ascensor, acordando la nulidad del punto del orden del día de la junta general de propietarios que establecía su obligación de participar en los gastos originados por la supresión de barreras arquitectónicas con relación a los citados elementos ya existentes.

Constitución de servidumbre necesaria para la instalación del ascensor sin consentimiento del propietario

| Sentencia del Tribunal Supremo n.º 732/2011, de 10 de octubre, ECLI:ES:TS:2011:6853

| Antecedentes de hecho

Una comunera ejercitó acción de impugnación de los acuerdos adoptados por la junta de propietarios, en los que, entre otras cosas se aprobaba la instalación de un ascensor que requería una ocupación de elementos privativos. Si bien en primera instancia se desestimó su petición, la audiencia provincial estimó parcialmente el recurso considerando que cuando «(...) la instalación del ascensor comporta la ocupación de una parte de un elemento privativo si no se cuenta con el consentimiento del propietario directamente afectado, el acuerdo será nulo, pues de no entenderse así se autorizaría una restricción del derecho de propiedad que equivaldría, no a la constitución de servidumbre a favor de la comunidad, sino una expropiación forzosa de parte de un bien privativo».

| Fundamentos de derecho

El Tribunal Supremo parte de que sí que se puede obligar a un propietario a ceder una parte de su propiedad, pero con matices:

«(...) La STS de 18 de diciembre de 2008 [RC 880/04], califica como servidumbre esta ocupación y declara que: «Por lo que hace mención a la constitución de una nueva servidumbre a tenor del artículo 17 será suficiente la simple mayoría para la supresión de las "barreras arquitectónicas", que dificulten el acceso y la movilidad de las personas con minusvalía; esta regla permite a la Comunidad imponer esa servidumbre para la creación de servicios de interés general y cuando el acuerdo de la Junta reúna los presupuestos legales, con el oportuno resarcimiento de daños y perjuicios.» Asimismo, la STS de 22 de diciembre de 2010 [RC 1574/2006] declara que «la instalación de un ascensor en una comunidad de vecinos que carece de este servicio, considerado como de interés general, permite la constitución de una servidumbre para tal fin, incluso cuando suponga la ocupación de parte de un espacio privativo, siempre que concurran las mayorías exigidas legalmente para la adopción de tal acuerdo [...]. La ocupación de un espacio privativo, en el que difícilmente concurrirá el consentimiento del vecino afectado, no puede suponer una privación del derecho de propiedad al extremo de suponer una pérdida de habitabilidad y funcionalidad de su espacio privativo.»

B) Por lo expuesto, se fija como doctrina jurisprudencial que la instalación de un ascensor en una comunidad de vecinos que carece de este servicio, considerado como de interés general, **permite la constitución de una servidumbre con el oportuno resarcimiento de daños y perjuicios**, incluso cuando suponga la ocupación de parte de un espacio privativo, siempre que concurran las **mayorías exigidas legalmente** para la adopción de tal acuerdo, sin que resulte preceptivo el consentimiento del copropietario directamente afectado, y que el **gravamen impuesto no suponga una pérdida de habitabilidad y funcionalidad del espacio privativo**».

| Resolución

Se estima el recurso de casación presentado contra la sentencia de la Audiencia Provincial de Asturias, confirmando a la de primera instancia que desestimaba la demanda.

Además, se fija como doctrina jurisprudencial: «(...) que **la instalación de un ascensor en una comunidad de vecinos que carece de este servicio, considerado como de interés general, permite la constitución de una servidumbre con el oportuno resarcimiento de daños y perjuicios, incluso cuando suponga la ocupación de parte de un espacio privativo, siempre que concurran las mayorías exigidas legalmente para la adopción de tal acuerdo, sin que resulte preceptivo el consentimiento del copropietario directamente afectado y que el gravamen impuesto no suponga una pérdida de habitabilidad y funcionalidad de su espacio privativo**».

Doctrina del Tribunal Supremo sobre las servidumbres para la instalación del ascensor

Sentencia del Tribunal Supremo n.º 148/2016, de 10 de marzo, ECLI:ES:TS:2016:979

Antecedentes de hecho

La comunidad de propietarios ejercita la acción reivindicatoria y subsidiariamente la acción de constitución de servidumbre para poder bajar el ascensor a cota cero. Tanto en primera como en segunda instancia se desestimó la acción reivindicatoria, reduciendo el debate a la constitución de la servidumbre. En primera instancia se considera que existen otras alternativas que no incluyen la servidumbre, y en segunda instancia se opta por la opción de reducir la anchura del portal y añadir esos metros al local, para compensar el espacio del sótano del que le priva la servidumbre. Los propietarios del local recurren en casación.

Fundamentos de derecho

Centrándonos en lo que aquí nos interesa, la sentencia realiza un resumen de la doctrina jurisprudencial sobre la constitución de servidumbres para salvar las barreras arquitectónicas en los siguientes términos:

«(i) Constituye un hecho incuestionable la posibilidad de actualizar las edificaciones de uso predominantemente residencial mediante la incorporación de nuevos servicios e instalaciones para **hacer efectiva la accesibilidad** y movilidad de los inquilinos.

(ii) Lo que se cuestiona es si esa necesidad, en este caso de instalación de ascensor, que tienen los propietarios de viviendas, es un derecho de la Comunidad sin limitaciones, por el que, existiendo el quórum legal exigido, se pueda obligar a un copropietario a ceder parte de la propiedad de su local para la instalación del ascensor.

(iii) La respuesta es afirmativa, pero con matices. Se ha de dar a partir de la **ponderación de los bienes jurídicos protegidos**: el del propietario a no ver alterado o perturbado su derecho de propiedad y el de la comunidad a instalar el ascensor, teniendo en cuenta el alcance de esa afección sobre el elemento privativo respecto a que pueda impedir o mermar sustancialmente su aprovechamiento. Esto es, se trata de apreciar si la afección va más allá de lo que constituye el verdadero contenido y alcance de la servidumbre como limitación o gravamen impuesto sobre un inmueble en beneficio de otro perteneciente a distinto dueño, según el artículo 530 CC, y no como una posible anulación de los derechos del predio sirviente que concibe una desaparición de la posibilidad del aprovechamiento que resulta a su favor en el artículo 3a) de la Ley (STS de 15 diciembre 2010).

(iv) La ocupación de un espacio privativo, en el que difícilmente concurriría el consentimiento del vecino afectado, no puede suponer una privación del derecho de propiedad al extremo de suponer una pérdida de habitabilidad y funcionalidad de su espacio privativo (STS de 22 diciembre de 2010)».

| Resolución

Se desestima el recurso interpuesto por los propietarios del local afectado por la servidumbre, confirmando la sentencia de la audiencia provincial que se decantaba por establecer una servidumbre y reducir el portal para compensar al local con metros, y se les imponen las costas.

La limitación de luces y vistas como daño indemnizable

‖ Sentencia del Tribunal Supremo n.º 435/2023, de 29 de marzo, ECLI:ES:TS:2023:1250

| Antecedentes de hecho

Una propietaria demanda a una comunidad de propietarios reclamando una indemnización por la privación de luces y vistas que supuso la instalación del ascensor en el patio de luces, por ocupar el ascensor una parte de su ventana. En primera instancia la demanda se desestimó, y la audiencia provincial estimó en parte el recurso concediéndole una indemnización, aunque en una cuantía inferior a la solicitada. La comunidad de propietarios interpone recurso de casación.

| Fundamentos de derecho

El Tribunal Supremo entiende que la decisión de la audiencia ha sido la correcta, y recuerda que ya se pronunció sobre la posibilidad de instalar un ascensor en el patio de luces, aunque esto conllevase un cambio de uso y pudiese perjudicar a aquellos que tenían el uso de dicho patio, y que por tanto, interpretar que no es aplicable el art. 9.1.c) de la LPH por no tratarse de una servidumbre, dado que el ascensor se sitúa en un patio de luces comunitario no se ajusta a lo dispuesto por la doctrina del TS.

Entiende la sala que, si se reconoce aplicable el mentado artículo para justificar la instalación del ascensor, también deberá entenderse aplicable para resarcir al propietario afectado por los perjuicios que la instalación ocasione.

Concluye recordando que:

«(...) (i) la actualización de las edificaciones de uso predominantemente residencial mediante la incorporación de nuevos servicios e instalaciones para hacer efectiva la accesibilidad y movilidad de los inquilinos, entre ellos, la colocación de un ascensor, es una posibilidad, pero no, aun existiendo acuerdo respaldado por la mayoría exigida, un derecho absoluto de la comunidad; (ii) cuando un propietario se ve afectado perjudicialmente por dicha incorporación es necesario realizar un **juicio de ponderación** entre los intereses jurídicos protegidos y que entran en conflicto, el del propietario a no ver alterado o perturbado su derecho de propiedad y el de la comunidad a instalar un ascensor, en el que se tenga en cuenta el alcance de esa afección sobre el elemento privativo; (iii) si dicha afección va más allá de lo que constituye el verdadero contenido y alcance de la servidumbre como limitación o gravamen impuesto sobre un inmueble en beneficio de otro perteneciente a distinto dueño, según el art. 530 CC, por suponer una **pérdida de la habitabilidad o funcionalidad del elemento privativo** que conlleva la desaparición, impide o merma de forma significativamente sustancial la posibilidad del aprovechamiento que resulta a su favor conforme a lo establecido por el art. 3.a) LPH, la instalación no podrá llevarse a cabo sin el consentimiento del afectado; (iv) fuera de estos casos, **el interés individual del propietario no podrá desplazar el interés general de la comunidad** en que la instalación se lleve a cabo, cuando el acuerdo de la junta reúna los presupuestos legales, pero con el **oportuno resarcimiento a aquel de los daños y perjuicios ocasionados**, que es lo que lo que la Audiencia Provincial ha acordado».

| Resolución

Se desestima el recurso de casación, confirmando la sentencia de la audiencia provincial que establecía una indemnización a favor de la propietaria afectada, y se les imponen las costas a los recurrentes.

A TENER EN CUENTA. Las sentencias analizadas en el presente punto podrían contener referencias realizadas a legislación actualmente derogada.

10.
LA NUEVA REGULACIÓN DE ASCENSORES Y CÓMO AFECTA A LOS YA EXISTENTES

¿Cómo afecta el RD 355/2024, de 2 de abril, a los ascensores existentes?

La publicación del **Real Decreto 355/2024, de 2 de abril**, por el que se aprueba la Instrucción Técnica Complementaria ITC AEM 1 «Ascensores», que regula la puesta en servicio, modificación, mantenimiento e inspección de los ascensores, así como el incremento de la seguridad del parque de ascensores existente, ha introducido una serie de cambios sustanciales que son vistos con preocupación por las comunidades de propietarios, pero ¿en qué consisten realmente las modificaciones? ¿En qué medida afectan a los ascensores que ya están instalados?

CUESTIÓN

¿Qué se entiende por ascensor a los efectos de este RD?

El art. 2 del RD 355/2024, de 2 de abril, dispone que se considerará ascensor a aquel aparato de elevación instalado con carácter permanente en edificios o construcciones, provisto de un habitáculo, y que sirve niveles definidos siguiendo un recorrido fijo, que se desplaza a lo largo de guías, cuya inclinación sobre la horizontal no supera los 15 grados, y que se encuentra destinado al transporte de:

- Personas y animales de compañía.

- Personas, animales de compañía y objetos.

- Solamente objetos cuando el habitáculo sea accesible, es decir, cuando una persona pueda entrar sin dificultad, y cuente con órganos de accionamiento situados dentro del habitáculo o al alcance de la persona que se encuentre dentro del mismo.

‖ Marco normativo existente antes del RD 355/2024, de 2 de abril

Para entender el alcance de la modificación, conviene conocer la normativa aplicable antes de la entrada en vigor del mentado RD, y su evolución.

La Directiva 95/16/CE del Parlamento Europeo y del Consejo, de 29 de junio de 1995, estableció un marco obligatorio para la armonización de las legislaciones de los Estados miembros en materia de ascensores. Esta directiva fue implementada en España mediante el Real Decreto 1314/1997, de 1 de agosto, y posteriormente modificada por el Real Decreto 57/2005, de 21 de enero, para incrementar la seguridad de los ascensores existentes.

En 2014, la Directiva 95/16/CE fue derogada por la Directiva 2014/33/UE del Parlamento Europeo y del Consejo, de 26 de febrero de 2014, que armoniza las legislaciones de los Estados miembros en materia de ascensores y componentes de seguridad para ascensores. Esta nueva directiva fue transpuesta al ordenamiento jurídico español mediante el Real Decreto 203/2016, de 20 de mayo, derogando así el Real Decreto 1314/1997, de 1 de agosto.

La Directiva 2006/42/CE del Parlamento Europeo y del Consejo, de 17 de mayo de 2006, relativa a las máquinas, modificó la Directiva 95/16/CE, estableciendo que los ascensores con una velocidad no superior a 0,15 metros por segundo serían regulados por la Directiva 2006/42/CE a partir del 30 de diciembre de 2009.

En 2023, se publicó el Reglamento (UE) 2023/1230 del Parlamento Europeo y del Consejo, de 14 de junio de 2023, relativo a las máquinas, derogando la Directiva 2006/42/CE y la Directiva 73/361/CEE del Consejo, aunque los certificados de examen CE de tipo expedidos mantendrán su validez hasta su caducidad.

El Real Decreto 88/2013, de 8 de febrero, aprobó la Instrucción Técnica Complementaria ITC AEM 1 «Ascensores» del Reglamento de aparatos de elevación y manutención, aprobado por el Real Decreto 2291/1985, de 8 de noviembre. Esta instrucción definía las reglas de seguridad aplicables a los ascensores para proteger a las personas, animales de compañía y bienes contra los riesgos de accidentes derivados del funcionamiento, mantenimiento y modificación de estos aparatos.

La Directiva 2014/33/UE, transpuesta mediante el Real Decreto 203/2016, de 20 de mayo, establece requisitos esenciales de seguridad y salud obligatorios para el diseño y fabricación de ascensores y componentes de seguridad, cuyo cumplimiento puede realizarse a través de normas armonizadas que gozan de la «presunción de conformidad».

La evolución normativa y técnica, junto con la experiencia adquirida, ha llevado a reconsiderar los modos de llevar a cabo las revisiones de mantenimiento, teniendo en cuenta las distintas condiciones de utilización de los ascensores. Además, se pretende definir mejor la información a proporcionar al titular de la instalación por parte de la empresa conservadora en relación a las actividades de mantenimiento, definiendo un plan de mantenimiento que incluya unas actuaciones mínimas a realizar por la empresa conservadora.

Tal y como se recoge en la exposición de motivos del RD, el cambio normativo que implica un aumento en la seguridad de los nuevos ascensores no beneficiaría a los ya existentes salvo que se tomase alguna medida, lo que motiva la introducción en el mentado RD de una serie de medidas mínimas que mejoran la seguridad de los ascensores ya existentes.

¿Cómo queda la regulación de las inspecciones de los ascensores?

Una de las novedades más destacadas la encontramos en los cambios que se introducen en las **inspecciones de los ascensores**. Estas inspecciones pueden ser:

- **Iniciales**: la que se realice antes de la primera puesta en servicio del ascensor. En este caso el resultado deberá ser favorable y sin defectos.

- **Periódicas**: con la entrada en vigor del RD 355/2024, de 2 de abril, se modifican los plazos de las mismas, quedando de la siguiente manera:

  - Cada 2 años: cuando se trate de ascensores instalados en edificios destinados a usos industriales o lugares de pública concurrencia.

  - Cada 4 años: si estamos ante ascensores instalados en edificios de más de 20 viviendas o que den servicio a más de 4 plantas.

  - Cada 6 años: el resto de los ascensores.

- **Otras inspecciones**: se pueden solicitar tras un accidente en el que resulten dañadas las personas, los animales de compañía o los bienes, o cuando se dañen elementos relevantes de la instalación, o así lo determine el órgano competente de la comunidad autónoma. Estas inspecciones se centran en los elementos implicados en el accidente antes de su reparación.

La principal novedad es la **obligación de la empresa de mantenimiento de paralizar el ascensor en un plazo de 24 horas cuando la inspección sea desfavorable con defectos muy graves**. Este hecho debe ser comunicado al titular y a industria de forma fehaciente.

CUESTIÓN

¿Cómo se califican los defectos?

Los defectos pueden clasificarse como:

- Leves: aquellos que, sin ser graves ni muy graves, incumplen algún requisito reglamentario, pero no suponen peligro para las personas, animales o bienes, ni perturban el funcionamiento de la instalación.

- Graves: los que no suponen un peligro inmediato para la seguridad de las personas, animales de compañía o cosas, pero que pueden serlo en caso de fallo de la instalación o pueden disminuir la capacidad de utilización. También se considerarán defectos graves la falta de ejecución en plazo de las medidas técnicas que contiene el RD.

- Muy graves: aquellos que la razón o la experiencia determine que constituyen un riesgo inminente para la seguridad de las personas, los animales de compañía o daños en la instalación.

No pueden confundirse estas inspecciones con las **revisiones presenciales de mantenimiento preventivo** reguladas en el **art. 5 del RD 355/2024, de 2 de abril**, que se realizarán cada 4 meses en el caso de ascensores en viviendas unifamiliares, o instalados en edificio de hasta tres paradas, o cada mes en el resto de los ascensores. En estas revisiones de mantenimiento deberá entregarse al titular un boletín —que deberá ser en papel salvo acuerdo con el titular en cuyo caso podrá comunicarse por vía electrónica de manera fidedigna— que deberá contener:

- La fecha de la revisión.

- La hora de inicio y finalización del mantenimiento.

- La identificación de la empresa conservadora y del o la conservador/a de ascensores.

- El número de Registro de Aparato Elevador (RAE), número de serie del aparato y la dirección del ascensor.

- Relación de todos los trabajos y comprobaciones llevadas a cabo según el plan de mantenimiento. En el caso de las comprobaciones hay que especificar para cada una de ellas lo indicado en la norma UNE 58720.

- Firma del o de la conservador/a de ascensores.

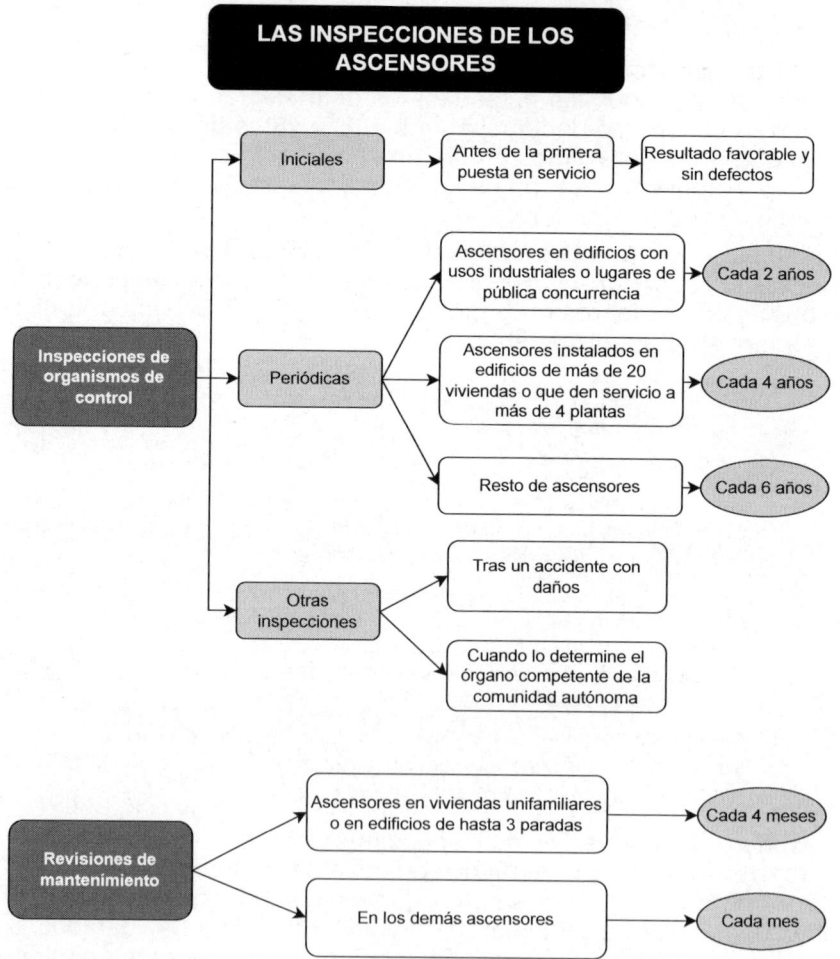

Modificaciones técnicas que afectan a los ascensores preexistentes

Sin ánimo de realizar una enumeración exhaustiva de todas las novedades introducidas con la nueva regulación, sí que procede destacar alguna de ellas que afectarán sobre todo a los ascensores antiguos, ya que los nuevos ya cuentan con estas medidas de seguridad:

1. Mejoras en la nivelación que se debe llevar a cabo en los ascensores.
2. Instalación de dispositivos de control de carga o modernización contra el peso para evitar la sobrecarga de la cabina.
3. Protección de los usuarios contra los movimientos ascendentes incontrolados de la cabina y los movimientos incontrolados de cabina en reposo y puertas abiertas
4. Instalación de un sistema de comunicación bidireccional en caso de emergencias.
5. Protección de los usuarios contra el cierre de puertas durante la entrada y salida de la cabina, es decir, una cortina de infrarrojos o fotoeléctrica para evitar que las puertas se cierren cuando alguien está entrando o saliendo del elevador en todos aquellos ascensores que tengan puertas con accionamiento automático.
6. Sustitución de las guías de tipo cilíndricas, de rail o de madera.

¿Cómo quedan las obligaciones de los titulares tras la entrada en vigor del RD 355/2024, de 2 de abril?

La nueva norma introduce también novedades en cuanto a las obligaciones de los titulares, dedicando el **art.** 4 a este punto, y enumerando las siguientes:

- El titular solo podrá permitir el uso del ascensor durante el periodo en el que tenga contratado un servicio de mantenimiento que asegure su buen funcionamiento. Además, será el titular del aparato el responsable de entregar el registro de mantenimiento a la empresa entrante con la que se contrate el mantenimiento.

- Debe solicitar a la empresa conservadora la puesta fuera de servicio del ascensor cuando tenga conocimiento de que su utilización no reúne las garantías de seguridad necesarias, y deberá hacerlo mediante una notificación fidedigna.

- Comunicar a la empresa conservadora cualquier accidente, anomalía en el funcionamiento, deficiencia o abandono en relación con la debida conservación del ascensor, y en caso de que la empresa conservadora no atienda la comunicación, deberá comunicárselo al órgano competente de la administración pública. En los casos de daños a las personas, animales o al propio aparato, la empresa conservadora deberá dejar el ascensor fuera de servicio, y será obligación del titular encargar una inspección —a un organismo de control distinto del que realizó la última inspección periódica— con el alcance de una periódica cuyo resultado deberá ser «favorable sin defectos» para poder poner de nuevo el ascensor en funcionamiento.

– Si la empresa conservadora comunica al titular los elementos del ascensor que hayan de ser reparados o sustituidos por no cumplir las condiciones de seguridad exigibles, este deberá proceder según lo indicado por la empresa conservadora y en el plazo que esta determine, y de lo contrario deberá solicitar la puesta fuera de servicio temporal del ascensor a la empresa conservadora. En este punto hay que destacar que en caso de no estar conforme con el dictamen de la empresa conservadora podrá contratar la realización de una inspección de los elementos motivo de la discrepancia por parte de un organismo de control.

– Otra obligación del titular consiste en contratar a su debido tiempo la inspección reglamentaria una vez puesto en servicio el ascensor, debiendo facilitar el acceso a los organismos de control, y poniendo a su disposición el certificado de la última inspección y la documentación técnica que tenga en su poder.

– También deberá contratar con una empresa conservadora habilitada la subsanación de los defectos indicados en la inspección del ascensor por el organismo de control.

– En el caso de que el titular deje fuera de servicio temporalmente el ascensor deberá comunicarlo al órgano competente de la comunidad autónoma. La reanudación del servicio también deberá ser comunicada, teniendo en cuenta que solamente una empresa conservadora podrá volver a poner en funcionamiento el ascensor.

– El titular también deberá conservar el registro de mantenimiento del ascensor y la documentación enumerada en el art. 4.8 del RD 355/2024, de 2 de abril. En el supuesto de que se lleve a cabo un cambio de empresa conservadora, el titular tendrá la obligación de facilitar toda la documentación a la nueva empresa.

‖ ¿Cuál es la fecha de entrada en vigor de estos cambios?

La entrada en vigor tuvo el lugar el 1 de julio de 2024, si bien, en el **anexo VII del RD 355/2024, de 2 de abril,** se establecen plazos diferenciados para implementar las diferentes medidas mínimas de seguridad.

ANEXO I.
CASOS PRÁCTICOS

Caso práctico | ¿Puedo asegurarme las costas si con la demanda de constitución de la servidumbre necesaria para la instalación del ascensor solicito una indemnización determinada y subsidiariamente la que resulte de la prueba practicada?

PLANTEAMIENTO

Si al demandar al propietario para el establecimiento de la servidumbre necesaria para la instalación del ascensor se solicita la constitución de la servidumbre y la fijación de una indemnización fijada por la comunidad de propietarios en una cantidad determinada o subsidiariamente la indemnización que resulte de la valoración probatoria. ¿Cabe la imposición de costas por estimación íntegra de la demanda si la indemnización no coincide con la determinada en la demanda?

RESPUESTA

No, el utilizar expresiones genéricas tipo «la indemnización que resulte de la prueba practicada» o similares, son pretensiones indeterminadas y no pueden conllevar una condena en costas por estimación total, ya que ello implicaría que añadiendo dicha expresión pudiese obtenerse una condena en costas tanto si se concediese la indemnización ofrecida por la comunidad de propietarios como petición principal, como si finalmente la indemnización coincidiese con la solicitada por el propietario en la contestación.

En este sentido podemos citar la **sentencia del Audiencia Provincial de Bizkaia n.º 751/2023, de 28 de noviembre, ECLI:ES:APBI:2023:949**, en la que se concluye que:

> «En primer lugar, respecto a la petición de que la indemnización de daños y perjuicios por la constitución de la servidumbre a los demandados se determine en virtud de lo "que resulte de la valoración probatoria", cabe afirmar que estamos ante una pretensión claramente indeterminada y carente de concreción y sin respaldo de prueba pericial acompañada a la demanda. Por lo que debemos señalar que la misma no es más que un "subterfugio o fórmula de estilo" para obtener la condena en costas procesales en todos los casos, lo que debe ser rechazado de plano porque dicha petición va en contra de lo establecido en los arts. 399 y 219 de la LEC.
>
> Así cabe reproducir a este supuesto examinado lo recogido en la Sentencia del Tribunal Supremo de 9 de junio de 2006: "En cuanto a la alegación del apartado a) del motivo, —dice "esta parte, de forma subsidiaria, interesó la condena de las codemandadas a la cantidad que pudiera fijar el Juzgado; por tanto, cualquier cantidad que pudiera considerar la Sala supondría la estimación completa de nuestra demanda"—, carece totalmente de consistencia. Añadir a un petición indemnizatoria de una cantidad determinada, otra petición, titulada de alternativa o subsidiaria, en que se interesa "aquella otra cantidad que, a juicio del juzgador, suponga el total resarcimiento", no supone que haya dos pretensiones, pues la segunda petición carece de autonomía respecto de

la primera y resulta superflua, porque, se plantee o no, el juzgador tiene que condenar a la suma dineraria que estime procedente, dado que "si puede dar todo, (con limitación a lo pedido), puede dar menos". Nos hallamos ante una "pseudo" pretensión subsidiaria o alternativa, que: desconoce que el juzgador no se puede limitar a estimar, o desestimar, totalmente la cantidad pedida, sino que puede moderarla; no tiene en cuenta que, en supuestos como el que se enjuicia, las circunstancias del proceso no son relevantes para la fijación de la suma —dicho de otra manera, cabe el cálculo inicial ponderado aproxima-do—; y no contempla que el reclamado tiene derecho a saber que cantidad se le reclama a fin de decidir si le conviene hacerla efectiva o tiene razones para oponerse en un proceso».

Caso práctico | ¿Es necesario el consentimiento del acreedor hipotecario para la constitución de la servidumbre a favor de la comunidad?

PLANTEAMIENTO

Para poder instalar un ascensor en una comunidad de propietarios es necesario ocupar parte del local comercial. Dicho local se encuentra hipotecado y la entidad bancaria comunica al propietario que solo autorizará la servidumbre si se amortiza parte del préstamo garantizado con la hipoteca. ¿Es correcta la postura del banco? ¿Es necesario el consentimiento del acreedor hipotecario para la constitución de una servidumbre?

RESPUESTA

No puede entenderse necesario el consentimiento del acreedor hipotecario porque se trata de una servidumbre obligatoria, y no resulta razonable que, si el propietario está obligado a aceptar la servidumbre, no lo esté también el acreedor hipotecario.

En este sentido podemos citar la **sentencia de la Audiencia Provincial de Córdoba n.º 12/2022, de 7 de febrero, ECLI:ES:APCO:2022:117,** que en un asunto en el que la comunidad demanda a la entidad bancaria a cuyo favor figura inscrita la hipoteca del local, para que se condene a esta a autorizar la servidumbre, ya que así lo exigía el Registro de la Propiedad, la sala estima esta petición por entender que:

> «(...) si el dueño del predio sirviente está obligado a asumir la servidumbre cuando concurren tales circunstancias, esa obligación también se extiende también al acreedor hipotecario, que no puede oponerse a la misma. Es verdad que la constitución de la servidumbre disminuye el valor de la garantía, pero no podemos olvidar que el ordenamiento jurídico prevé mecanismos para proteger al acreedor en tales casos, como el art. 1877 CC y los artículos 109 y 110 LH».

En el caso analizado en la sentencia resultó acreditado que la entidad bancaria había exigido una amortización a cambio de autorizar la servidumbre y, sin embargo, en su contestación a la demanda mantenía que no era necesario su consentimiento o autorización para la constitución de la servidumbre para la instalación de un ascensor, motivo por el cual la audiencia recoge que:

> «(...) Si UNICAJA BANCO, S.A.U. ha mantenido su legitimación fuera del proceso, no puede negarla dentro del mismo, lo que unido a que la Registradora de la Propiedad no ha inscrito la escritura de constitución de la servidumbre, entendiendo que es necesario que UNICAJA BANCO, S.A.U. preste su consentimiento, en virtud del principio de tracto sucesivo, se estima el recurso, si bien no en los términos solicitados estrictamente en el recurso y en la demanda, sino únicamente en el sentido de **condenar** a UNICAJA BANCO, S.A.U. a **prestar su consentimiento a la servidumbre constituida a favor de la actora** mediante escritura pública de 26 de octubre de 2020, otorgada ante el Notario

D. José Antonio Caballos Castilla con el número 3.487 de su protocolo, lo que no es más que adecuar el punto 3 del suplico de la demanda a las vicisitudes ocurridas dentro del proceso, siendo evidente que la demandada carece de legitimación pasiva respecto de los apartados 1 y 2, apartados sobre los que no se entra en el recurso».

Caso práctico | ¿Es posible exonerar a los locales del pago de la instalación del ascensor?

PLANTEAMIENTO

En un edificio se ha solicitado por personas con discapacidad y mayores de 70 años la instalación de un ascensor con el fin de eliminar las barreras arquitectónicas. La obra de instalación supera las doce cuotas ordinarias sin que el propietario solicitante pueda asumir el sobrecoste, por lo que, la junta somete a votación la aprobación de la obra. Con el fin de obtener la mayoría necesaria se decide excluir del pago de las obras a los propietarios de los locales. Finalmente, se aprueba la instalación del ascensor y la exclusión del pago a favor de los propietarios de los locales con el voto de la mayoría. ¿Es válido este acuerdo?

RESPUESTA

Sí; para determinar esta respuesta afirmativa debemos tener en consideración que, aunque la obra de instalación de ascensor ha sido solicitada por personas con discapacidad y mayores de 70 años, no resulta de aplicación la obligatoriedad de la obra señalada en el art. 10.1.b) de la LPH ya que el coste de la instalación supera las doce mensualidades ordinarias de gastos comunes. Por tanto, para la adopción del acuerdo se requiere que se adopte un acuerdo de la junta de propietarios que exige el voto favorable de la mayoría de los propietarios que, a su vez, representen la mayoría de las cuotas de participación.

En cuanto a la posibilidad de excluir del pago de la instalación a los locales, la Audiencia Provincial de Santander en la **sentencia n.º 135/2018, de 7 de marzo, ECLI:ES:APS:2018:82** ha establecido:

> «(...) ha de señalarse que nada impide que rechazado por falta de mayoría necesaria el acuerdo de que se efectúe la instalación acordada con contribución de todos (incluidos garajes y locales) pueda aprobarse otro en el que, obviamente con la mayoría exigida por el Art 17.2 de la LPH, se excluya de la contribución de los gastos a determinados elementos cuando tal exclusión tiene la justificación de total ausencia de relación física entre la obra y tales elementos cual aquí sucede».

Para la adopción de este acuerdo se requiere la mayoría que el art. 17.2 de la LPH requiere para el acuerdo principal de instalación del ascensor. Esta doctrina jurisprudencial ha sido establecida en la **STS, rec. 2029/2006, de 13 de septiembre de 2010, ECLI:ES:TS:2010:4859**:

> «Se declara como doctrina jurisprudencial que para la adopción de los acuerdos que se hallen directamente asociados al acuerdo de instalación del ascensor, aunque impliquen la modificación del título constitutivo, o de los estatutos, se exige la misma mayoría que la Ley de Propiedad Horizontal exige para el acuerdo principal de instalación del ascensor».

Caso práctico | Limitación del uso del ascensor en el título constitutivo

PLANTEAMIENTO

En el título constitutivo de una propiedad horizontal se ha establecido que los propietarios de los garajes no pueden utilizar el ascensor y por tanto tampoco deben contribuir a los gastos que derivan de este servicio. ¿Es posible que el propietario de un garaje haga uso del ascensor si comienza a contribuir a los gastos? ¿Es válido el acuerdo de la comunidad de propietarios que niega el acceso?

RESPUESTA

En el caso que se presenta el título constitutivo lo que hace es establecer una comunidad de usuarios que se hacen responsables del coste y funcionamiento de un elemento común por destino. Esta autogestión y abono de gasto independiente produce la atribución del uso exclusivo de dicho elemento común. Esta posibilidad ha sido reconocida por múltiples resoluciones tal y como recoge la SAP de Alicante n.º 562/2020, de 15 de diciembre, ECLI:ES:APA:2020:4130.

Lo que se plantea en este caso es si esta situación se puede invertir, contribuyendo los propietarios de los garajes a los gastos del servicio de ascensor y de portal. La respuesta será positiva en el caso de que la autorización de uso se haga por la junta de propietarios mediante acuerdo, y ello, partiendo de que entre las atribuciones de la comunidad de propietarios se encuentra la de autorizar el uso del ascensor a los propietarios de los garajes.

Ahora bien, la comunidad también puede decidir negar este acceso al servicio de ascensor sin que este acuerdo pueda entenderse que sea contrario a la ley o a los estatutos. Un caso similar al planteado lo encontramos en la SAP de Zaragoza n.º 650/2019, de 2 de septiembre, ECLI:ES:APZ:2019:1650 en la que se establece:

> «En consecuencia, el acuerdo impugnado no puede considerarse contrario a los estatutos desde el momento en que, a pesar de la poca claridad de su redacción, siempre ha venido interpretándose, con la aquiescencia de la recurrente, en el sentido antes expuesto.
>
> Tampoco cabe entender que es contario a la ley, pues como también dijimos, esta permite que se pueda atribuir el uso exclusivo de un elemento común a uno o varios comuneros.
>
> Por fin, no puede defender la recurrente que dicho acuerdo le causa un grave perjuicio que no tiene obligación jurídica de soportarlo o que se ha adoptado con abuso de derecho, no sólo porque tal acuerdo se adoptó precisamente a iniciativa suya, sino porque además ningún perjuicio se le causa desde el momento en que dispone de un acceso independiente a los garajes y trasteros».

Caso práctico | Tipo de IVA en la instalación ascensor

PLANTEAMIENTO

Una empresa de construcción ejecuta obras de instalación de ascensores en comunidades de propietarios. En el proyecto se contempla que se trata de supresión de barreras arquitectónicas. ¿Qué tipo de IVA aplicaríamos en este caso? ¿Se podría considerar una obra análoga a la rehabilitación en alguna circunstancia?

RESPUESTA

Las obras de instalación de ascensores normalizados industrialmente a particulares tributarán al tipo general del IVA (21 %), salvo que concurran las condiciones para que el proyecto se considere como de rehabilitación conforme al artículo 91.Uno.3.1.° de la LIVA o de renovación y reparación en los términos del artículo 91.Uno.2.10.° de la LIVA, pues en dichos casos tributarán al tipo del 10 %.

Una primera posibilidad para aplicar el tipo de IVA reducido sería que se considerase la obra como de **rehabilitación**, por la vía del artículo 91.Uno.3.1.° de la LIVA. Conforme a él, se aplicará el tipo de IVA del 10 % a:

«1.° Las ejecuciones de obras, con o sin aportación de materiales, consecuencia de contratos directamente formalizados entre el promotor y el contratista que tengan por objeto la construcción o rehabilitación de edificaciones o partes de las mismas destinadas principalmente a viviendas, incluidos los locales, anejos, garajes, instalaciones y servicios complementarios en ellos situados.

Se considerarán destinadas principalmente a viviendas, las edificaciones en las que al menos el 50 por ciento de la superficie construida se destine a dicha utilización».

Siguiendo los criterios de interpretación de este precepto sentados por la Dirección General de Tributos [acúdase, por ejemplo, a su **consulta vinculante (V2599-22), de 21 de diciembre de 2022, o (V0281-23), de 15 de febrero de 2023**], para que proceda este tipo del artículo 91.Uno.3.1.° de la LIVA tendrían que darse los siguientes requisitos:

- Que las operaciones realizadas tengan la naturaleza jurídica de ejecuciones de obra.

- Que dichas operaciones sean consecuencia de contratos directamente formalizados entre el promotor y el contratista. La expresión «directamente formalizados» debe considerarse equivalente a «directamente concertados» entre el promotor y el contratista, cualquiera que sea la forma oral o escrita de los contratos celebrados. A los efectos del IVA, se considerará promotor de edificaciones el propietario de inmuebles que construyó (promotor-constructor) o contrató la construcción (promotor) de los mismos para destinarlos a la venta, el alquiler o el uso propio.

- Dichas ejecuciones de obra tengan por objeto la construcción o rehabilitación de edificios destinados fundamentalmente a viviendas, incluidos los locales, anejos, instalaciones y servicios complementarios en ella situados.

- Las referidas ejecuciones de obra consistan materialmente en la construcción o rehabilitación de los citados edificios.

Por lo tanto, a tales efectos, se hace necesario concretar cuándo un proyecto de obras puede calificarse como de rehabilitación. En ese sentido, y conforme al artículo 20.Uno.22.º.B) de la LIVA, serán obras de rehabilitación de edificaciones las que reúnan los siguientes requisitos:

- Que su objeto principal sea la reconstrucción de las mismas, entendiéndose cumplido este requisito cuando más del 50 % del coste total del proyecto de rehabilitación se corresponda con obras de consolidación o tratamiento de elementos estructurales, fachadas o cubiertas o con obras análogas o conexas a las de rehabilitación. Y, en concreto, el propio precepto considera como obras análogas a las de rehabilitación las de instalación de elementos elevadores, incluidos los destinados a salvar barreras arquitectónicas para su uso por personas con discapacidad.

- Que el coste total de las obras a que se refiera el proyecto exceda del 25 % del precio de adquisición de la edificación si se hubiese efectuado aquella durante los dos años inmediatamente anteriores al inicio de las obras de rehabilitación o, en otro caso, del valor de mercado que tuviera la edificación o parte de la misma en el momento de dicho inicio. A estos efectos, se descontará del precio de adquisición o del valor de mercado de la edificación la parte proporcional correspondiente al suelo.

La consideración de si una determinada obra o proyecto puede calificarse o no como de rehabilitación es una cuestión que debe acreditarse por cualquier medio de prueba admisible en derecho. A estos efectos, la normativa del impuesto no ha previsto que dicha condición pueda resultar acreditada por un documento en particular, si bien, entre los elementos de prueba, han de considerarse preferentemente los dictámenes de profesionales específicamente habilitados para ello o el visado del proyecto y, si procede, la calificación del proyecto por parte de colegios profesionales.

Cuando el proyecto no pueda calificarse como de rehabilitación en los términos indicados, en su caso, podría plantearse la aplicación del tipo impositivo del 10 % previsto en el artículo 91, apartado uno, punto 2, 10.º de la LIVA, cuando se reúnan los requisitos previstos en el mismo:

«10.º Las ejecuciones de obra de **renovación y reparación** realizadas en edificios o partes de los mismos destinados a viviendas, cuando se cumplan los siguientes requisitos:

a) Que el destinatario sea persona física, no actúe como empresario o profesional y utilice la vivienda a que se refieren las obras para su uso particular.

No obstante lo dispuesto en el párrafo anterior, también se comprenderán en este número las citadas ejecuciones de obra cuando su destinatario sea una comunidad de propietarios.

b) Que la construcción o rehabilitación de la vivienda a que se refieren las obras haya concluido al menos dos años antes del inicio de estas últimas.

c) Que la persona que realice las obras no aporte materiales para su ejecución o, en el caso de que los aporte, su coste no exceda del 40 por ciento de la base imponible de la operación».

A dichos efectos, la Dirección General de Tributos considera que deben considerarse «materiales aportados» por el empresario o profesional que ejecuta las obras de renovación y reparación realizadas en edificios o partes de los mismos destinados a viviendas, todos aquellos bienes corporales que, en ejecución de dichas obras, queden incorporados materialmente al edificio, directamente o previa su transformación, tales como ladrillos, piedras, cal, arena, yeso y otros materiales. Además, el coste de dichos materiales no debe exceder del 40 % de la base imponible de la operación. Si supera dicho importe no se aplicará el tipo reducido del IVA.

Finalmente, la **consulta vinculante de la Dirección General de Tributos (V0281-23)**, de 15 de febrero de 2023, concluye indicando lo siguiente:

«(...) la instalación de aparatos elevadores (ascensores) en edificios ya construidos son parte de las actuaciones que, dentro del concepto de obras análogas a las obras de rehabilitación, han de considerarse incluidas dentro de la definición más amplia de rehabilitación y, por tanto, se les aplicará el tipo impositivo del 10 por ciento cuando formen parte de un proyecto global de rehabilitación que cumpla las condiciones para ser considerado como tal.

Cuando no concurra lo establecido en el citado artículo 20.uno.22.º, letra B) y se realicen en la vivienda ya terminada, tributarán al tipo impositivo del 21 por ciento, salvo que puedan ser consideradas obras de renovación y reparación en base a los requisitos previstos en el artículo 91, apartado uno.2, número 10.º.

En este sentido, este Centro directivo ha desarrollado en numerosas contestaciones vinculantes (por todas, las, de 9 de septiembre de 2014 y de 17 de julio de 2014, números V2326-14 y V1946-14, respectivamente) las condiciones y requisitos para determinar si las obras realizadas pueden considerarse como de rehabilitación de edificaciones, por lo que se le remite a las mismas».

Y, en sentido análogo, la consulta vinculante de la Dirección General de Tributos (V2599-22), de 21 de diciembre de 2022, referida específicamente a la instalación de ascensores para una comunidad de propietarios:

«En relación con la información aportada en el escrito de consulta, parece deducirse que el promotor, en este caso la comunidad de propietarios, contratará para la ejecución de las obras a una entidad distinta de la que contrate para la instalación del ascensor. Por tanto, tratándose de actuaciones independientes, la entidad consultante, que se encargará de la ejecución de la obra civil para la consiguiente instalación del ascensor, deberá determinar por su cuenta y de forma independiente si concurren los requisitos anteriormente desarrollados para la aplicación del tipo impositivo del 10 por ciento, contenidos en el artículo 91.Uno.2.10.º de la Ley del Impuesto sobre el Valor Añadido.

Por tanto, si las obras consultadas tuvieran, según lo señalado en los apartados anteriores, la consideración de obras de reparación y renovación, y la aportación de materiales no superara el límite del 40 por ciento referido, el tipo aplicable sería el reducido del 10 por ciento. En caso contrario, será de aplicación a las obras objeto de consulta el tipo impositivo general del 21 por ciento».

Caso práctico | IRPF. Ayuda a comunidad de propietarios para instalación de ascensor

PLANTEAMIENTO

Antonio es propietario de un piso que constituye su vivienda habitual. La comunidad de propietarios ha instalado un ascensor y recibe por ello una ayuda de la Administración. ¿Debe tener en cuenta Antonio esta subvención en su declaración de IRPF?

RESPUESTA

Las comunidades de bienes (que incluye las comunidades de propietarios del régimen de propiedad horizontal) no constituyen contribuyentes del IRPF, sino que se configuran como una agrupación de los mismos que se atribuyen las rentas generadas en la entidad, tal como establece el artículo 8.3 de la LIRPF: «Las rentas correspondientes a las mismas se atribuirán a los socios, herederos, comuneros o partícipes, respectivamente, de acuerdo con lo establecido en la Sección 2.ª del Título X de esta Ley». Es decir, las rentas correspondientes a las entidades en régimen de atribución de rentas, en este caso la comunidad, se atribuirán a los comuneros, tal y como establece el artículo 86 de la LIRPF. Por tanto, la subvención recibida por la comunidad de propietarios se atribuirá a cada uno de los propietarios integrantes de la misma.

En cuanto al porcentaje en que se le atribuirá la subvención, el artículo 89.3 de la LIRPF señala que «Las rentas se atribuirán a los socios, herederos, comuneros o partícipes según las normas o pactos aplicables en cada caso y, si éstos no constaran a la Administración tributaria en forma fehaciente, se atribuirán por partes iguales». En este sentido, el artículo 70 del RIRPF, regula las obligaciones de información de las entidades en régimen de atribución de rentas de la forma siguiente:

> «1. Las entidades en régimen de atribución de rentas mediante las que se ejerza una actividad económica, o cuyas rentas excedan de 3.000 euros anuales, deberán presentar anualmente una declaración informativa en la que, además de sus datos identificativos y, en su caso, los de su representante, deberá constar la siguiente información:
>
> (…).
>
> b) Importe total de las rentas obtenidas por la entidad y de la renta atribuible a cada uno de sus miembros (…)».

Dicha declaración se realiza a través del modelo 184. Así, la comunidad de propietarios comunicará el porcentaje que corresponde a Antonio de la subvención en atención a su cuota de participación en la comunidad de propietarios.

Por lo que respecta a la posible exención de la subvención, la disposición adicional quinta de la LIRPF establece una serie de subvenciones que no se integrarán en la base imponible del IRPF. En la medida en que la subvención por la instalación del ascensor no corresponda a ninguna de las referidas ayudas, se debe incluir en la base imponible de Antonio.

La calificación de las rentas derivadas de la obtención de una subvención es la de **ganancia patrimonial**, según lo dispuesto en el artículo 33.1 de la LIRPF, según el cual «Son ganancias y pérdidas patrimoniales las variaciones en el valor del patrimonio del contribuyente que se pongan de manifiesto con ocasión de cualquier alteración en la composición de aquél, salvo que por esta Ley se califiquen como rendimientos».

Como regla general, las ganancias patrimoniales derivadas de ayudas públicas se imputarán al período impositivo en que tenga lugar su cobro, de conformidad con lo dispuesto en el artículo 14.2.c) de la LIRPF.

Por tanto, Antonio debe declarar en su IRPF la parte correspondiente de la subvención, en atención a su coeficiente de participación en la comunidad de propietarios, en el ejercicio económico en el que se perciba la misma, como ganancia patrimonial.

Caso práctico | La repercusión en los bajos de los gastos por la instalación del ascensor cuando se incluyen mejoras

PLANTEAMIENTO

En una comunidad se van a eliminar las barreras arquitectónicas del portal, bajando el ascensor a nivel de calle, aprovechando la obra para realizar algunas mejoras. ¿Tienen que contribuir los propietarios de los locales a sufragar los costes de las obras?

RESPUESTA

En el caso concreto, los locales estarían afectos a los gastos del ascensor siempre y cuando no figure dicha exención en el título constitutivo o en los estatutos.

En un principio, y de conformidad con lo establecido en la LPH en su artículo 9.1 inciso e), los propietarios de los locales, toda vez que formen parte de la comunidad, deberían contribuir, en su porcentaje de participación a los gastos.

Ahora bien, a ello se **puede eximir** si expresamente se ha hecho constar en los estatutos.

Esta exención no opera para el caso de instalación de los mismos, en que es necesario para la adecuada habitabilidad del inmueble, véase por ejemplo la **sentencia del Tribunal Supremo n.º 620/2010, de 20 de octubre, ECLI:ES:TS:2010:5167**, la sentencia del Tribunal Supremo n.º 202/2014, de 23 de abril, ECLI:ES:TS:2014:2390, o la STS n.º 276/2021, de 10 de mayo, ECLI:ES:TS:2021:1792.

En cambio, si los locales aparecen exentos estatutariamente, y los gastos son de acondicionamiento, adaptación y/o sustitución de un ascensor ya existente, la **sentencia del Tribunal Supremo n.º 678/2016, de 17 de noviembre, ECLI:ES:TS:2016:5102** o la STS n.º 38/2014, de 10 de febrero, ECLI:ES:TS:2014:232, indica que los locales no se verían obligados.

Es decir, con relación a la contribución de los locales a los gastos del ascensor en primer lugar hay que atender a lo establecido en el título constitutivo o en los estatutos de la comunidad, que en muchos casos recogen una exoneración del pago de determinados gastos relativos a elementos comunes que no usan, como pueden ser por ejemplo los gastos referidos a elementos comunes como las escaleras, o los ascensores. El Tribunal Supremo ha declarado que cuando estamos ante una exención genérica se entenderán incluidos tanto los gastos ordinarios como los extraordinarios, salvo que se trate de la instalación del mismo por primera vez, ya que en este supuesto sí que tendrían la obligación de colaborar.

Mención aparte merecen las **mejoras realizadas que van más allá de una eliminación de barreras arquitectónicas**, y en este sentido podemos traer a colación la **sentencia de la Audiencia Provincial de Zaragoza n.º 410/2018, de 17 de septiembre, ECLI:ES:APZ:2018:2317**, en la que se diferencia la instalación en sí, de las mejoras que se incluían en el proyecto, y se concluye que:

«(...) no cabría repercutir en el local aquellos gastos que exceden del básico de supresión de barreras arquitectónicas, como son por ejemplo los porteros automáticos, cristaleras, cerramientos, que son elementos que no están dirigidos a suprimir barreras, sino que están integrados en el artículo 17.4 LPH, 'nuevas instalaciones, servicios o mejoras no requeridos para la adecuada conservación, habitabilidad, seguridad y accesibilidad del inmueble'. Como dice la doctrina jurisprudencial referida, y cuya aplicación puede efectuarse en nuestro caso de forma analógica, hay que valorar ' si esa necesidad de ascensor que tienen los propietarios de viviendas es un derecho sin limitaciones de la Comunidad'. Como hemos visto, la respuesta, teniendo otra vez en consideración contenido del artículo 17 LPH en sus números 2 y 4, es negativa.

Pues como hemos referido, la supresión de barreras arquitectónicas debe tener el límite en cuanto excede de un gasto necesario y pasa a ser un gasto lujoso, éste último en beneficio exclusivo de los propietarios —incremento de superficie de sus viviendas, porteros automáticos, acristalamientos, etcétera—. Piénsese por ejemplo en el hipotético supuesto de que la comunidad hubiera tomado el acuerdo de colocar un ascensor con vistas panorámicas como los que existen en algunos inmuebles u hoteles de lujo».

Caso práctico | Local exonerado de gastos de ascensor. Instalación de plataforma elevadora para evitar las barreras arquitectónicas

PLANTEAMIENTO

¿Los propietarios de locales de negocio deben participar en el pago de los gastos ocasionados por la instalación en el edificio de una plataforma salvaescaleras, para evitar las barreras arquitectónicas, cuando los estatutos disponen que resultan exentos de la contribución a los gastos de ascensor?

RESPUESTA

La exclusión de los locales de contribuir a los gastos de mantenimiento del ascensor no se hace extensible a las instalaciones *ex novo* que se hagan con el objeto de eliminar barreras arquitectónicas. La jurisprudencia del Tribunal Supremo ha reiterado en múltiples ocasiones que los locales comerciales —así como los garajes— deben contribuir al gasto que supone. Así lo ha reiterado la **STS n.º 152/2024, de 6 de febrero, ECLI:ES:TS:2024:475**:

> «Es jurisprudencia consolidada de esta sala que cuando se instala un ascensor ex novo, los propietarios de los locales comerciales y de los garajes también deben contribuir al gasto que ello supone, y su exclusión por la falta de uso resultaría abusiva con respecto a los propietarios de las viviendas, puesto que altera las cuotas de contribución a los gastos, por el sobrecoste que la exoneración de algunos comuneros conlleva para el resto, lo que requeriría haber sido aprobado por unanimidad (sentencias 797/1997, de 22 de septiembre; 929/2006, de 28 de septiembre; 342/2013, de 6 de mayo; 202/2014, de 23 de abril; y 678/2016, de 17 de noviembre). El fundamento de dicha doctrina es que la adecuación funcional que supone la instalación de un ascensor antes inexistente no es una simple mejora».

En el caso planteado se trata de instalar una plataforma salvaescaleras a lo que resulta de aplicación la misma jurisprudencia expuesta, ya que su finalidad también es la de eliminar barreras arquitectónicas, así lo ha expuesto la **STS n.º 202/2014, de 23 de abril, ECLI:ES:TS:2014:2390** en la que el Alto Tribunal ha manifestado:

> «En efecto, como ha declarado esta Sala en su sentencia de 10 de febrero de 2014, (núm. 38/2014), el alcance de la exención relativa a obras de adaptación o sustitución de los ascensores no resulta comparable a aquellos supuestos en donde la instalación del ascensor se realiza por primera vez; pues se trata de garantizar la accesibilidad y mejora general del inmueble.
>
> La aplicación analógica de esta doctrina jurisprudencial no ofrece duda, conforme a las modificaciones introducidas por la Ley 51/2003, cuando la nueva instalación, y con ella la mejora del inmueble, tiene por objeto la supresión de las barreras arquitectónicas que dificulten el acceso o movilidad de las personas en situación de discapacidad. En el presente caso, la Comunidad de Propietarios adoptó el acuerdo de instalar la plataforma elevadora con tal fin

y de imputar sus gastos a todos los propietarios, tanto de viviendas como de locales, de conformidad con las previsiones legales modificando incluso los estatutos de la comunidad, de forma que no cabe estimar la pretensión de la parte demandante respecto a la nulidad del acuerdo adoptado. Extremo que no puede escendirse, pues declarada la validez del mismo procede inevitablemente su aplicación o ejecución respecto del reparto proporcional del coste económico derivado».

Caso práctico | ¿Es válido un acuerdo de instalación de ascensor cuando en la convocatoria no se especificaban las servidumbres a las que daba lugar? ¿Y cuándo no se realiza la citación debidamente?

PLANTEAMIENTO

Una comunidad de vecinos celebra una junta en cuya convocatoria se establecía, entre otros puntos, la «Aprobación, si procede, de instalación de ascensor en el edificio y necesidad de constituir servidumbres para ello», sin especificar cuáles serían las servidumbres concretas que finalmente resultaron aprobadas en junta. El propietario de uno de los locales afectados ha impugnado el acta de la junta en la que se aprueba la instalación y la servidumbre alegando que no ha sido debidamente notificado, y otro de los propietarios perjudicados se opone a la servidumbre por no coincidir la superficie a ocupar que se aprobó en la junta con la que finalmente resulta necesaria para la instalación del ascensor. ¿Son válidos los motivos de impugnación de los acuerdos de la junta de propietarios? ¿Pueden establecerse esas servidumbres a pesar de la oposición de los propietarios?

RESPUESTA

En el primero de los casos sí que estaríamos ante un motivo de impugnación válido, ya que la falta de citación conlleva la nulidad del acuerdo, pero en el segundo de los supuestos no, ya que se entendería que el asunto ya aparecía reflejado en el orden del día, y que un error en la estimación de los metros a ocupar no invalida los acuerdos adoptados.

A la hora de establecer una servidumbre para la instalación del ascensor hay que atender a lo dispuesto en la Ley de Propiedad Horizontal. El art 9.1.c) de la mentada LPH establece la obligación de los propietarios de «c) Consentir en su vivienda o local las reparaciones que exija el servicio del inmueble y permitir en él las servidumbres imprescindibles requeridas para la realización de obras, actuaciones o la creación de servicios comunes llevadas a cabo o acordadas conforme a lo establecido en la presente Ley, teniendo derecho a que la comunidad le resarza de los daños y perjuicios ocasionados».

El Tribunal Supremo ha destacado la importancia de ponderar los bienes protegidos, por un lado, el derecho de propiedad y, por otro, el derecho de la comunidad de instalar el ascensor. Con relación a esta cuestión se ha manifestado la **sentencia del Tribunal Supremo n.° 148/2016, de 10 de marzo, ECLI:ES:TS:2016:979**, que estipula:

> «Tal doctrina, en síntesis, es la siguiente:
> (i) Constituye un hecho incuestionable la posibilidad de actualizar las edificaciones de uso predominantemente residencial mediante la incorporación de nuevos servicios e instalaciones para hacer efectiva la accesibilidad y movilidad de los inquilinos.

(ii) Lo que se cuestiona es si esa necesidad, en este caso de instalación de ascensor, que tienen los propietarios de viviendas, es un derecho de la Comunidad sin limitaciones, por el que, existiendo el quórum legal exigido, se pueda obligar a un copropietario a ceder parte de la propiedad de su local para la instalación del ascensor.

(iii) La respuesta es afirmativa, pero con matices. Se ha de dar a partir de la ponderación de los bienes jurídicos protegidos: el del propietario a no ver alterado o perturbado su derecho de propiedad y el de la comunidad a instalar el ascensor, teniendo en cuenta el alcance de esa afección sobre el elemento privativo respecto a que pueda impedir o mermar sustancialmente su aprovechamiento. Esto es, se trata de apreciar si la afección va más allá de lo que constituye el verdadero contenido y alcance de la servidumbre como limitación o gravamen impuesto sobre un inmueble en beneficio de otro perteneciente a distinto dueño, según el artículo 530 CC, y no como una posible anulación de los derechos del predio sirviente que concibe una desaparición de la posibilidad del aprovechamiento que resulta a su favor en el artículo 3a) de la Ley (STS de 15 diciembre 2010).

(iv) La ocupación de un espacio privativo, en el que difícilmente concurriría el consentimiento del vecino afectado, no puede suponer una privación del derecho de propiedad al extremo de suponer una pérdida de habitabilidad y funcionalidad de su espacio privativo (STS de 22 diciembre de 2010)».

Basándose en esta doctrina, la **SAP de Cantabria n.º 102/2019, de 21 de febrero, ECLI:ES:APS:2019:340**, da respuesta al supuesto del propietario que considera que el acuerdo de la junta no debe ser válido por no coincidir los metros estimados en el acuerdo aprobado por la junta, con los finalmente necesarios, y señala que:

«(...) La alegación de la demandada sobre la falta de correspondencia entre los acuerdos y la pretensión deducida en el proceso en cuanto a la superficie a ocupar no es desde luego relevante, pues sin perjuicio de que obviamente la servidumbre haya de tener la superficie necesaria aunque haya sido erróneamente estimada en los acuerdos comunitarios, ello no empece a la realidad de que estos definieron en la comunidad el modo de mejorar la accesibilidad, tienen carácter ejecutivo, y son la base de la pretensión deducida en el proceso».

Sin embargo, distinta suerte debe correr el acuerdo en lo relativo a la convocatoria de la junta, cuando no consta debidamente citado el propietario que impugna los acuerdos. En este sentido podemos citar la **SAP de Álava n.º 758/2018, de 20 de diciembre, ECLI:ES:APVI:2018:772**, en la que se destaca que la carga de la prueba de la citación recae sobre la comunidad de propietarios, recordando que: «La convocatoria pudo colgarse en el portal, es una forma muy habitual de que los vecinos se tengan por citados, sin embargo, debe tenerse en cuenta que los propietarios de los locales no tienen acceso al portal ni a las escaleras de la comunidad, esta forma de citación no sirve para ellos», concluyendo que:

«La falta de citación de las actoras es suficiente para declarar nulo el acuerdo, habiendo planteado una propuesta tan importante, la Comunidad y el Administrador de fincas debieron actuar con mayor diligencia y profesionalidad».

Caso práctico | ¿Es posible constituir una servidumbre de paso sin indemnización previa?

PLANTEAMIENTO

Una comunidad de propietarios ha decidido instalar un ascensor. La propietaria de un local situado en la bodega solicita que este servicio llegue a la planta -1. En junta se aprueba la instalación del ascensor, llegando a la planta -1, señalando la contribución que debe hacer cada propietario en relación con la instalación, pero sin establecer indemnización alguna para la superficie de local que la propietaria del mismo tiene que ceder para instalar este servicio, entendiendo que es la solicitante y la beneficiada de que el ascensor llegue a su planta. Esta interpone demanda exigiendo que se le abone indemnización por los metros que se requieren para que el ascensor llegue a la planta -1. ¿Tendrá derecho a la misma?

RESPUESTA

Si bien la indemnización al propietario perjudicado por la servidumbre es uno de los requisitos establecidos jurisprudencialmente por nuestro Alto Tribunal, véase como ejemplo la **STS n.º 637/2013, de 17 de octubre, ECLI:ES:TS:2013:5021**, en este caso concreto, en el que la propietaria afectada es la única beneficiada de la obra, y que la indemnización no fue solicitada en la junta de propietarios, la **SAP de Guipúzcoa n.º 727/2021, de 17 de mayo, ECLI:ES:APSS:2021:907** entiende que no es necesaria dicha indemnización y señala:

«En efecto, el Juzgador de instancia ha señalado en su resolución que la Comunidad de Propietarios debe constituir una servidumbre a favor del edificio y en contra del local de la bodega, sobre la zona afectada del mismo, y cifrada en 11,26 metros cuadrados, que es el espacio que va a ocupar el ascensor y que se precisa para configurar un descansillo de acceso a ella, y sin duda alguna tal acuerdo resulta correcto, por cuanto que esa servidumbre resulta precisa tanto para la colocación del ascensor, como para que ese acceso a la bodega pueda desarrollarse sin problema alguno por las escaleras que deberán también constituirse esa cota, pero si bien es cierto que ese pronunciamiento conlleva que los acuerdos adoptados han de ser mantenidos, también es lo cierto, como resulta de la lectura de las actas levantadas, que una vez adoptado ese acuerdo de llevar el ascensor a la cota -1, **no se adopta decisión alguna en orden a indemnizar a su propietaria con importe alguno**, lo cual resulta de todo punto razonable, como ya se ha indicado, si se tiene en cuenta, en primer lugar, que nada consta que ella solicitara al respecto, y, en segundo lugar, que con el descenso del ascensor hasta la cota de la bodega, acuerdo adoptado ante su petición, se le proporcionan unos beneficios exclusivamente a ella, dado que se le concede un acceso a su local del que antes no disponía, no sólo a través del ascensor, sino a través de unas escaleras accesibles, en lugar de las escaleras de barco, sumamente dificultosas, de que disponía en el interior de su local, con lo que se le facilita ese acceso a ella y a cuantas personas pueden tener interés en acudir al referido local, **y sin duda alguna se revaloriza el mismo, es decir, aumenta su valor en el mercado inmobiliario,** dada esa accesibilidad que se facilita al mismo y a la cual no se hallaba obligada en modo alguno la Comunidad de Propietarios».

ANEXO II.
FORMULARIOS

Acta aprobando reparaciones necesarias. Reparación de ascensor

ACTA DE JUNTA EXTRAORDINARIA DE FECHA [FECHA]

(APROBACIÓN DE REPARACIONES NECESARIAS DEL ASCENSOR)

En [LOCALIDAD], a [DIA] de [MES] de [AÑO], convocados en junta extraordinaria con la suficiente antelación por el presidente de la comunidad, don/doña [NOMBRE], en (primera/segunda) convocatoria, siendo las [NÚMERO] horas, asisten a la misma:

Asisten personalmente los siguientes propietarios:

- Don/Doña [NOMBRE], piso/local [DESCRIPCIÓN], cuota de participación [CANTIDAD]%.
- Don/Doña [NOMBRE], piso/local [DESCRIPCIÓN], cuota de participación [CANTIDAD]%.
- Don/Doña [NOMBRE], piso/local [DESCRIPCIÓN], cuota de participación [CANTIDAD]%.
- Don/Doña [NOMBRE], piso/local [DESCRIPCIÓN], cuota de participación [CANTIDAD]%.
- Don/Doña [NOMBRE], piso/local [DESCRIPCIÓN], cuota de participación [CANTIDAD]%.
- Don/Doña [NOMBRE], piso/local [DESCRIPCIÓN], cuota de participación [CANTIDAD]%.
- Don/Doña [NOMBRE], piso/local [DESCRIPCIÓN], cuota de participación [CANTIDAD]%.
- Don/Doña [NOMBRE], piso/local [DESCRIPCIÓN], cuota de participación [CANTIDAD]%.

Asisten por medio de **representante** los siguientes propietarios:

- Don/Doña [NOMBRE] en representación de don/doña [NOMBRE], piso/local [DESCRIPCIÓN], cuota de participación [CANTIDAD]%.
- Don/Doña [NOMBRE] en representación de don/doña [NOMBRE], piso/local [DESCRIPCIÓN], cuota de participación [CANTIDAD]%.
- Don/Doña [NOMBRE] en representación de don/doña [NOMBRE], piso/local [DESCRIPCIÓN], cuota de participación [CANTIDAD]%.

Asisten **sin derecho a voto** por no estar al corriente en sus deudas con la comunidad de conformidad a lo establecido en el art. 15.2 LPH:

- Don/Doña [NOMBRE], piso/local [DESCRIPCIÓN], cuota de participación [CANTIDAD]%.
- Don/Doña [NOMBRE], piso/local [DESCRIPCIÓN], cuota de participación [CANTIDAD]%.

- Don/Doña [NOMBRE], piso/local [DESCRIPCIÓN], cuota de participación [CANTIDAD]%.

Queda constituida la junta extraordinaria en [LUGAR], celebrada en (primera/segunda) convocatoria, bajo la presidencia de don/doña [NOMBRE] y actuando como secretario don/doña [NOMBRE].

El ORDEN DEL DÍA previsto se desarrolló de la siguiente forma:

PUNTO ÚNICO. REPARACIÓN DEL ASCENSOR Y COLOCACIÓN DE PUERTA DE SEGURIDAD

De todos es sabido que el ascensor viene funcionando deficientemente, por eso se solicitó de la empresa de conservación un informe técnico, que ha demostrado que es necesario el cambio de motor y cables, siendo el presupuesto de [CANTIDAD EN LETRA] euros ([CANTIDAD EN NÚMERO] euros).

Aparte de esto, aprovechando que hay que proceder a su reparación, se propone cumplir ya con la normativa vigente y colocar la puerta de seguridad, cuyo montaje supone [CANTIDAD EN LETRA] euros ([CANTIDAD EN NÚMERO]euros).

Estas obras, realmente necesarias para el buen cuidado y mantenimiento del servicio común, después de algunas aclaraciones al respecto por parte del presidente y administrador, son aprobadas por todos los asistentes, con la excepción del piso [DESCRIPCIÓN], que lo vota en contra, y con la abstención del local [DESCRIPCIÓN], toda vez que este propietario indica que está exento por los estatutos de participar en estos gastos normales de conservación.

Los votos positivos suman el [CANTIDAD]% de cuotas y los negativos el [CANTIDAD]%.

El importe total antes citado se pasará en [CANTIDAD] recibos extraordinarios, según el porcentaje y teniendo en cuenta [DESCRIPCIÓN] de que no deben participar los bajos y locales, pues así se viene haciendo por el sistema de reparto de la comunidad (1).

No habiendo más asuntos que tratar, se levantó la sesión, siendo las [HORA], del día [FECHA], completando un total de [NÚMERO] minutos la junta desarrollada.

EL SECRETARIO   EL PRESIDENTE

---

(1) Otra opción es: «El importe de la obra se cargará al fondo de reserva de la finca, sin perjuicio de la reposición en la próxima junta ordinaria, teniendo presente el sistema de reparto de estos gastos. [DESCRIPCIÓN]».

Acta para la instalación de ascensor

ACTA DE JUNTA EXTRAORDINARIA DE FECHA [FECHA]

(INSTALACIÓN DE ASCENSOR)(1)

En [LOCALIDAD], a [DIA] de [MES] de [AÑO], convocados en junta extraordinaria con la suficiente antelación por el presidente de la comunidad, **don/doña** [NOMBRE], en (primera/segunda) convocatoria, siendo las [NÚMERO] horas, asisten a la misma:

PERSONALMENTE:

- Don/Doña [NOMBRE], piso/local/garaje [DESCRIPCION], cuota de participación % [CANTIDAD].
- Don/Doña [NOMBRE], piso/local/garaje [DESCRIPCION], cuota de participación % [CANTIDAD].
- Don/Doña [NOMBRE], piso/local/garaje [DESCRIPCION], cuota de participación % [CANTIDAD].
- Don/Doña [NOMBRE], piso/local/garaje [DESCRIPCION], cuota de participación % [CANTIDAD].
- Don/Doña [NOMBRE], piso/local/garaje [DESCRIPCION], cuota de participación % [CANTIDAD].
- Don/Doña [NOMBRE], piso/local/garaje [DESCRIPCION], cuota de participación % [CANTIDAD].
- Don/Doña [NOMBRE], piso/local/garaje [DESCRIPCION], cuota de participación % [CANTIDAD].
- Don/Doña [NOMBRE], piso/local/garaje [DESCRIPCION], cuota de participación % [CANTIDAD].

REPRESENTADOS:

- Don/Doña [NOMBRE] en representación de don/doña [NOMBRE] - piso/local [DESCRIPCION], cuota de participación [CANTIDAD] %.
- Don/Doña [NOMBRE] en representación de don/doña [NOMBRE] - piso/local [DESCRIPCION], cuota de participación [CANTIDAD] %.
- Don/Doña [NOMBRE] en representación de don/doña [NOMBRE] - piso/local [DESCRIPCION], cuota de participación [CANTIDAD] %.

Asisten **sin derecho a voto** por no estar al corriente en sus deudas con la Comunidad de conformidad a lo establecido en el art. 15.2 de la LPH:

- Don/Doña [NOMBRE], piso/local [DESCRIPCION], cuota de participación % [CANTIDAD].
- Don/Doña [NOMBRE], piso/local [DESCRIPCION], cuota de participación % [CANTIDAD].

- Don/Doña [NOMBRE], piso/local [DESCRIPCION], cuota de participación % [CANTIDAD].

El ORDEN DEL DÍA previsto, de acuerdo con la convocatoria efectuada, se desarrolló de la siguiente forma:

PUNTO ÚNICO. INSTALACIÓN DE ASCENSOR

Se procede a la presente junta extraordinaria en consideración a las peticiones efectuadas por numerosos comuneros, que, si bien no se procedieron a efectuar fehacientemente, sí se produjeron tanto de manera informal mediante comunicaciones verbales al presidente de la comunidad como al administrador, como también se hizo reflejar en la última junta ordinaria en el apartado de ruegos y preguntas.

A este respecto, gran parte de los comuneros han solicitado la petición de informes y presupuestos conforme la viabilidad y cuantía de establecer un ascensor en el inmueble de la comunidad.

Se presentó por el administrador, tanto el informe del técnico [ESPECIFICAR], conforme resulta posible tanto legislativa como funcionalmente la instalación de un ascensor, servicio necesario para algunos propietarios de edad avanzada, aparte de que contar con un ascensor supone incrementar muy sensiblemente el valor del inmueble y de las viviendas particulares.

Tras exponer el técnico informante sus conclusiones, respondió las preguntas efectuadas por los comuneros, procediéndose a votar la efectiva instalación del ascensor, la cual se acordó por unanimidad.

Presentados los presupuestos de diversas mercantiles, [NOMBRE DE LA EMPRESAS PRESENTADAS], los comuneros votaron:

- [NÚMERO] votos a la empresa [NOMBRE EMPRESA]. En concreto, han votado a favor de esta propuesta los siguientes propietarios [ESPECIFICAR].

- [NÚMERO] votos a la empresa [NOMBRE EMPRESA]. En concreto, han votado a favor de esta propuesta los siguientes propietarios [ESPECIFICAR].

- [NÚMERO] votos a la empresa [NOMBRE EMPRESA]. En concreto, han votado a favor de esta propuesta los siguientes propietarios [ESPECIFICAR].

Por lo que esta última ha sido la elegida por mayoría.

La instalación, por tanto, se haría por [NOMBRE EMPRESA], cuyo presupuesto asciende a [CANTIDAD EN LETRA] euros ([CANTIDAD EN NÚMERO]€), que incluye la tramitación de las pertinentes licencias, la obra civil y la colocación del ascensor y complementos, por lo que, aplicando el coeficiente de propiedad, supone el siguiente reparto:

[ESPECIFICAR LAS CUANTÍAS QUE CORRESPONDEN A CADA PROPIETARIO]

Estas cuantías serán divididas en [CANTIDAD] mensualidades, a partir del mes de [MES], pues éstas son las condiciones que nos permite el instalador.

Se hace constar que, si bien los locales deben participar en el nuevo servicio común, quedarán exentos en el futuro de participar en los gastos ordinarios de mantenimiento y conservación.

Puesta a votación la propuesta, es aprobada por todos los presentes, con excepción de don/doña [NOMBRE], propietario del local número [NUMERO] y de don/doña [NOMBRE] y don/doña [NOMBRE], propietarios de los pisos [ESPECIFICAR], por lo que provisionalmente queda aprobado, pendiente de la contestación de los no asistentes, a quienes se les comunicará el acuerdo.

No habiendo más asuntos que tratar, se levantó la sesión, siendo las [HORA], del día [FECHA], completando un total de [NÚMERO] minutos la junta desarrollada.

EL SECRETARIO   EL PRESIDENTE

---

(1) El art. 19.2 de la LPH recoge el contenido mínimo de las actas de las reuniones de la junta, disponiendo que las mismas deberán expresar:

«(...) a) La fecha y el lugar de celebración.

b) El autor de la convocatoria y, en su caso, los propietarios que la hubiesen promovido.

c) Su carácter ordinario o extraordinario y la indicación sobre su celebración en primera o segunda convocatoria.

d) Relación de todos los asistentes y sus respectivos cargos, así como de los propietarios representados, con indicación, en todo caso, de sus cuotas de participación.

e) El orden del día de la reunión.

f) Los acuerdos adoptados, con indicación, en caso de que ello fuera relevante para la validez del acuerdo, de los nombres de los propietarios que hubieren votado a favor y en contra de los mismos, así como de las cuotas de participación que respectivamente representen».

Acta aprobando servidumbres por interés general para instalación de ascensor

ACTA JUNTA EXTRAORDINARIA DE FECHA [FECHA]

ESTABLECIMIENTO DE SERVIDUMBRE POR INTERÉS GENERAL

En [LOCALIDAD], a [DIA] de [MES] de [AÑO], siendo las [NÚMERO] **horas**, convocados en **junta extraordinaria** con la suficiente antelación por el presidente de la comunidad, don/doña [NOMBRE PRESIDENTE], en (primera/segunda) convocatoria, asisten a la misma:

PERSONALMENTE:

- Don/Doña [NOMBRE], piso/local [DESCRIPCIÓN], cuota de participación [CANTIDAD]%.

- Don/Doña [NOMBRE], piso/local [DESCRIPCIÓN], cuota de participación [CANTIDAD]%.

- Don/Doña [NOMBRE], piso/local [DESCRIPCIÓN], cuota de participación [CANTIDAD]%.

- Don/Doña [NOMBRE], piso/local [DESCRIPCIÓN], cuota de participación [CANTIDAD]%.

REPRESENTADOS:

- Don/Doña [NOMBRE], piso/local [DESCRIPCIÓN], cuota de participación [CANTIDAD]%, representado por don/doña [NOMBRE].

Asisten **sin derecho a voto** por no estar al corriente en sus deudas con la Comunidad de conformidad a lo establecido en el art. 15.2 de la Ley de propiedad horizontal (LPH):

- Don/Doña [NOMBRE], piso/local [DESCRIPCIÓN], cuota de participación [CANTIDAD]%.

- Don/Doña [NOMBRE], piso/local [DESCRIPCIÓN], cuota de participación [CANTIDAD]%.

- Don/Doña [NOMBRE], piso/local [DESCRIPCIÓN], cuota de participación [CANTIDAD]%.

El **ORDEN DEL DÍA** previsto se desarrolló de la siguiente forma:

PUNTO ÚNICO. ESTABLECIMIENTO DE SERVIDUMBRE EN LOCAL [DESCRIPCIÓN] POR INSTALACIÓN DE ASCENSOR

Se recuerda a los intervinientes que en reunión de fecha [FECHA] se adoptó el acuerdo, por la totalidad de los propietarios, de instalación de un ascensor que transitaría por [ESPECIFICAR], necesitada la comunidad de ello toda vez que [ESPECIFICAR].

En la presente reunión, lo que se intenta determinar, es la aprobación de la constitución de una servidumbre a establecer en el local de [ESPECIFICAR], la cual deberá consistir en la utilización del espacio obrante en [ESPECIFICAR] de una superficie total de [NÚMERO] metros cuadrados, a los efectos de que pasen por ellos los conductos que llevan los cables de fuerza, ya que no hay otra solución técnica.

Presente el propietario de dicho local, hace constar que comprende que a la vista de las circunstancias accede de forma voluntaria, si bien quiere dejar constancia que ello le produce un perjuicio al tener que retirar un armario fijo a la entrada, con la pérdida de espacio.

Además, indica, que para el caso de interesar la venta de su propiedad, la existencia de esa servidumbre puede, ya no sólo aminorar el precio de venta, sino perjudicar la propia enajenación de la propiedad, por lo que considera e interesa que el pago de la indemnización por la servidumbre debería ser de [ESPECIFICAR] conforme al informe pericial presentado a la junta (1).

Votan a favor los pisos o locales que conforman el [ESPECIFICAR]% de los propietarios, que representa el [ESPECIFICAR]% de las cuotas:

- Don/Doña [NOMBRE], piso/local [DESCRIPCIÓN], cuota de participación [CANTIDAD]%.

- Don/Doña [NOMBRE], piso/local [DESCRIPCIÓN], cuota de participación [CANTIDAD]%.

- Don/Doña [NOMBRE], piso/local [DESCRIPCIÓN], cuota de participación [CANTIDAD]%.

Votan en contra los pisos o locales que conforman el [ESPECIFICAR]% de los propietarios, que representa el [ESPECIFICAR]% de las cuotas:

- Don/Doña [NOMBRE], piso/local [DESCRIPCIÓN], cuota de participación [CANTIDAD]%.

- Don/Doña [NOMBRE], piso/local [DESCRIPCIÓN], cuota de participación [CANTIDAD]%.

Queda por tanto aprobado/desestimado el acuerdo para la servidumbre de ascensor, estableciendo una indemnización de [ESPECIFICAR].

No habiendo más asuntos que tratar, se levantó la sesión, siendo las [HORA] del día al principio indicado.

EL SECRETARIO   EL PRESIDENTE

---

(1) El Tribunal Supremo ha establecido unos criterios para determinar la indemnización que corresponde por la servidumbre para la instalación del ascensor, así la sentencia n.º 637/2013, de 17 de octubre, ECLI:ES:TS:2013:5021, ha señalado:
«Como contraprestación a la obligación impuesta al propietario, el artículo 9.1 letra c de la LPH le reconoce al propietario afectado el derecho a ser resarcido de los daños y perjuicios causados, los cuales vienen correctamente fijados en la sentencia de 1.ª Instancia, a determinar en ejecución de sentencia, a salvo de los acuerdos a que pudieran llegar las partes, conforme a los siguientes criterios:
a) una indemnización a precio de mercado, según locales de iguales características y ubicados en la misma zona e idéntica localidad, correspondiente a la superficie en m2 invadida, según dictamen pericial, incluida la superficie de vuelo que se va a ocupar y calculada conforme al tiempo en que se proceda a la ejecución de las obras.

b) una cantidad a tanto alzado por el demérito experimentado por el local como consecuencia de su menor superficie en la zona de trastienda precisando que, a falta de acuerdo sobre dicha cantidad y siendo necesario acudir en ejecución de sentencia a la designación de un perito judicial, los gastos de todo tipo que se generen correrán a cargo de la comunidad de propietarios actora...

d) una indemnización dineraria para el supuesto de que, como consecuencia de la ejecución de las obras precisas, se causen daños al local previa acreditación fehaciente de los mismos».

Demanda contra comunidad de propietarios exigiendo instalación de ascensor

AL JUZGADO DE PRIMERA INSTANCIA DE [LOCALIDAD]
QUE POR TURNO DE REPARTO CORRESPONDA

Don/Doña [NOMBRE_ PROCURADOR CLIENTE], procurador/a de los tribunales, en nombre y representación de **don/doña** [NOMBRE_CLIENTE], con DNI [NÚMERO] y con domicilio en [DIRECCIÓN_CLIENTE], según acredito mediante poder (notarial/ apud acta), y bajo dirección letrada de **don/doña** [NOMBRE_ABOGADO_CLIENTE], colegiado/a n.º [NÚMERO] por el ICA de [LOCALIDAD], ante el juzgado comparezco y, como mejor proceda en derecho,

DIGO

Que, por medio del presente escrito y al amparo de lo establecido en el artículo 10.1.b) de la LPH, vengo a formular **DEMANDA DE JUICIO ORDINARIO** frente a la Comunidad de Propietarios de [ESPECIFICAR] con CIF [NÚMERO], domiciliada en [DIRECCIÓN], representada por don/doña [NOMBRE] con DNI [NÚMERO] dada su condición de presidente, tal y como se desprende del acta de la junta de propietarios de fecha [FECHA], que adjunta se acompaña como **doc. n.º** [NÚMERO], en reclamación de realización de obras de supresión de barreras arquitectónicas (instalación de ascensor), de conformidad con los siguientes,

HECHOS

PRIMERO.- Mi mandante es propietario/a del inmueble [DESCRIPCIÓN], perteneciente a la comunidad de propietarios demandada. Representa una cuota de participación del [PORCENTAJE] %.

Se acompaña como **doc. n.º** [NÚMERO] nota simple registral de la vivienda y como **doc. n.º** [NÚMERO] título constitutivo del inmueble donde radica.

Por otro lado, nos encontramos ante una persona [ESPECIFICAR] **(1)**, por lo que, de acuerdo con lo establecido en el artículo 10.1.b) de la Ley de Propiedad Horizontal, en este caso, la instalación del ascensor tendrá carácter obligatorio y no requerirá de acuerdo previo de la junta de propietarios siempre que su coste no supere las doce mensualidades:

«1. **Tendrán carácter obligatorio y no requerirán de acuerdo previo de la Junta de propietarios,** impliquen o no modificación del título constitutivo o de los estatutos, y vengan impuestas por las Administraciones Públicas o solicitadas a instancia de los propietarios, las siguientes actuaciones:

(...)

b) Las obras y actuaciones que resulten necesarias para garantizar los ajustes razonables en materia de accesibilidad universal y, en todo caso, las requeridas a instancia de los propietarios en cuya vivienda o local vivan, trabajen o presten servicios voluntarios, **personas con discapacidad, o mayores de setenta años, con el objeto de asegurarles un uso adecuado a sus necesidades de los elementos comunes,** así como la **instalación de rampas, ascensores** u otros dispositivos mecánicos y electrónicos que favorezcan la orientación o su comunicación con el exterior, siempre que el importe repercutido anualmente de las mismas, una vez descontadas las subvenciones o ayudas públicas, no exceda de doce mensualidades ordinarias de gastos comunes. No eliminará el carácter obligatorio de estas obras el hecho de que el resto de su coste, más allá de las citadas mensualidades, sea asumido por quienes las hayan requerido».

SEGUNDO.- Con fecha [FECHA], mi representado/a solicitó a la referida comunidad de propietarios la instalación de un ascensor para la eliminación de las barreras arquitectónicas existentes mediante [INDICAR_FORMA_SOLICITUD] **(2)**.

Pues bien, a pesar de cumplirse todos los presupuestos para la citada instalación, la comunidad no ha dado respuesta alguna a la solicitud de mi mandante y, habiendo transcurrido más de [NÚMERO] meses desde la primera solicitud, las obras no se han iniciado **(3)**.

Adjuntamos como **docs. n.º** [NÚMERO] **a n.º** [NÚMERO] copia de los distintos requerimientos realizados a secretario y presidente con fecha [FECHA], [FECHA] y [FECHA]. Nótese que a dichos requerimientos se adjunta el correspondiente proyecto de obra que acompañamos ahora aquí de forma independiente como **doc. n.º** [NÚMERO].

Asimismo, la instalación del ascensor es completamente compatible con la configuración del edificio y no supone una alteración importante de los demás elementos comunes que suponga perjuicio directo para alguno de los propietarios.

En este sentido, adjuntamos como **doc. n.º** [NÚMERO] informe pericial donde se especifica que el paso del ascensor deberá producirse por [ESPECIFICAR], lo que no produce ningún perjuicio grave para ningún propietario ni para las zonas comunes.

TERCERO.- Por otra parte, interesa señalar que esta parte conoce, y así lo ha intentado hacer saber a la adversa, que para instalar el ascensor solicitado, la derrama que tiene que pagar cada uno de los vecinos, en principio, será superior a las 12 mensualidades ordinarias de gastos comunes a las que se refiere el artículo 10.1 b) de la LPH, por lo que mi mandante se compromete y obliga a abonar la diferencia del coste de la instalación del ascensor personalmente.

CUARTO.- Por último, también queremos hacer constar que mi mandante ha intentado alcanzar una solución extrajudicial al problema planteado, si bien la comunidad de propietarios no ha mostrado interés alguno, por lo que a esta parte no le ha quedado más remedio que proceder a la interposición de la presente demanda.

Se adjunta, como **doc. n.º** [NÚMERO], copia del burofax enviado con fecha [FECHA] y que la comunidad de propietarios nunca contestó.

A los anteriores hechos les son de aplicación los siguientes,

FUNDAMENTOS DE DERECHO

I.- JURISDICCIÓN Y COMPETENCIA

Es competente para conocer de este asunto la jurisdicción civil, conforme a lo dispuesto en el artículo 21.1 de la Ley Orgánica del Poder Judicial y en el artículo 36.1 de la Ley de Enjuiciamiento Civil.

La competencia objetiva para el conocimiento de la presente demanda corresponde a los juzgados de primera instancia, puesto que les viene atribuida por razón de la materia, en virtud de lo establecido en los artículos 44 y 45 de la Ley de Enjuiciamiento Civil.

La competencia territorial corresponde al Juzgado de [LUGAR] que por turno de reparto corresponda, por ser donde se encuentra la finca, de acuerdo con los artículos 45 y 52.1.8.º de la Ley de Enjuiciamiento Civil.

II.- CAPACIDAD Y LEGITIMACIÓN

Ambas partes poseen capacidad y legitimación suficiente para ser parte en el presente procedimiento, de conformidad con lo dispuesto en los artículos 6, 10 y concordantes de la LEC, así como el 13.3 de la LPH, que establece: «3. El presidente ostentará legalmente la representación de la comunidad, en juicio y fuera de él, en todos los asuntos que la afecten».

En cuanto a la condición de presidente de don/doña [NOMBRE], nos remitimos al acta de la junta de propietarios que ha quedado adjunta como **doc. n.º** [NÚMERO].

III.- PROCEDIMIENTO

La tramitación del procedimiento se sujetará a lo establecido para el juicio ordinario de acuerdo con lo establecido en el artículo 249.1.8.º de la LEC **(4)**:

«1. Se decidirán en el juicio ordinario, cualquiera que sea su cuantía:

(...)

8.º Cuando se ejerciten las acciones que otorga a las Juntas de Propietarios y a éstos la Ley 49/1960, de 21 de julio, sobre propiedad horizontal, siempre que no versen exclusivamente sobre reclamaciones de cantidad, en cuyo caso se tramitarán por las reglas del juicio verbal o por el procedimiento especial que corresponda».

IV.- CUANTÍA

La cuantía del presente procedimiento asciende a [NÚMERO] euros, de conformidad con lo establecido en el artículo 251.11.ª de la LEC, importe que se desprende del importe del proyecto de obra que ha quedado adjunto como **doc. n.º** [NÚMERO].

V.- POSTULACIÓN Y DEFENSA

Mi mandante comparece representado/a por procurador y asistido/a de letrado, de conformidad con lo dispuesto en los artículos 23 y 31 de la LEC.

VI.- FONDO DEL ASUNTO

De acuerdo con lo establecido en el artículo 10.1.b) de la LPH:

«1. Tendrán carácter obligatorio y no requerirán de acuerdo previo de la Junta de propietarios, impliquen o no modificación del título constitutivo o de los estatutos, y vengan impuestas por las Administraciones Públicas o solicitadas a instancia de los propietarios, las siguientes actuaciones:

(...)

b) Las obras y actuaciones que resulten necesarias para garantizar los ajustes razonables en materia de accesibilidad universal y, en todo caso, las requeridas a instancia de los propietarios en cuya vivienda o local vivan, trabajen o presten servicios voluntarios, personas con discapacidad, o mayores de setenta años, con el objeto de asegurarles un uso adecuado a sus necesidades de los elementos comunes, así como la instalación de rampas, ascensores u otros dispositivos mecánicos y electrónicos que favorezcan la orientación o su comunicación con el exterior, siempre que el importe repercutido anualmente de las mismas, una vez descontadas las subvenciones o ayudas públicas, no exceda de doce mensualidades ordinarias de gastos comunes. No eliminará el carácter obligatorio de estas obras el hecho de que el resto de su coste, más allá de las citadas mensualidades, sea asumido por quienes las hayan requerido».

Por su parte, el artículo 17.2 de la LPH dispone que:

«2. Sin perjuicio de lo establecido en el artículo 10.1.b), la realización de obras o el establecimiento de nuevos servicios comunes que tengan por finalidad la supresión de barreras arquitectónicas que dificulten el acceso o movilidad de personas con discapacidad y, **en todo caso, el establecimiento de los servicios de ascensor,** incluso cuando impliquen la modificación del título constitutivo, o de los estatutos, requerirá el voto favorable de la mayoría de los propietarios, que, a su vez, representen la mayoría de las cuotas de participación.

Cuando se adopten válidamente acuerdos para la realización de obras de accesibilidad, la comunidad quedará obligada al pago de los gastos, aun cuando su importe repercutido anualmente exceda de doce mensualidades ordinarias de gastos comunes.

La realización de obras o actuaciones que contribuyan a la mejora de la eficiencia energética acreditables a través de certificado de eficiencia energética del edificio o la implantación de fuentes de energía renovable de uso común, incluyendo en su caso la modificación de la envolvente del edificio, así como la solicitud de ayudas y subvenciones, préstamos o cualquier tipo de financiación por parte de la comunidad de propietarios a entidades públicas o privadas para la realización de tales obras o actuaciones, requerirá el voto favorable de la mayoría simple de los propietarios, que, a su vez, representen la mayoría simple de las cuotas de participación, siempre que su importe repercutido anualmente, una vez descontadas las subvenciones o ayudas públicas y aplicada en su caso la financiación, no supere la cuantía de doce mensualidades ordinarias de gastos comunes. El propietario disidente no tendrá el derecho reconocido en el apartado 4 de este artículo y el coste de estas obras, o las cantidades necesarias para sufragar los préstamos o financiación concedida para tal fin, tendrán la consideración de gastos generales a los efectos de la aplicación de las reglas establecidas en la letra e) del artículo noveno.1 de esta ley».

Por otro lado, en cuanto a jurisprudencia existente al efecto, interesa traer a colación las siguientes resoluciones que vemos a continuación.

Sobre la accesibilidad y el artículo 10 de la LPH, la **sentencia de la Audiencia Provincial de Málaga n.º 643/2021, de 3 de noviembre, ECLI:ES:APMA:2021:4495,** establece lo siguiente:

«Centrándonos en el primer motivo y que hace referencia a la normativa de accesibilidad y al art. 10 de la LPH, se ha de decir que es un axioma normativo la obligación de la Comunidad de Propietarios demandada de ejecutar las obras necesarias para la eliminación de la barrera arquitectónica de accesibilidad existente en el citado inmueble para permitir el acceso de cualquier persona con dificultad ambulatoria o de otro tipo a su vivienda. La propia Constitución Española exhorta a los poderes públicos en su art. 49 a amparar de forma especial el disfrute de los derechos de los disminuidos físicos, sensoriales o psíquicos. También la Convención de Nueva York sobre los derechos de las personas con discapacidad de 13 de diciembre de 2006 en su artículo 9, sobre la accesibilidad, con el fin de que las personas con discapacidad puedan vivir en forma independiente y participar plenamente en todos los aspectos de la vida, exige la adopción de las medidas pertinentes para asegurar el acceso de las personas discapaces en igualdad de condiciones que las demás. Y para ello se han de eliminar los obstáculos y barreras de acceso, entre otros lugares, en edificios y viviendas. La normativa a la que hace referencia la apelante tiene la finalidad de regular los principios de accesibilidad de las personas discapacitadas.

Teniendo en cuenta estos principios humanos, la LPH, en su art. 10.1.b) dispone que "tendrán carácter obligatorio y no requerirán de acuerdo previo de la Junta de propietarios, impliquen o no modificación del título constitutivo o de los estatutos", ya vengan impuestas por las Administraciones públicas, ya sean solicitadas por los propios propietarios, "las obras y actuaciones que resulten necesarias para garantizar los ajustes razonables en materia de accesibilidad universal y, en todo caso, las requeridas a instancia de los propietarios en cuya vivienda o local vivan, trabajen o presten servicios voluntarios, personas con discapacidad, o mayores de setenta años". Y todo ello "con el objeto de asegurarles un uso adecuado a sus necesidades de los elementos comunes, así como la instalación de rampas, ascensores u otros dispositivos mecánicos y electrónicos que favorezcan la orientación o su comunicación con el exterior".

El Tribunal Supremo viene a sostener que "constituye un hecho **incuestionable** la posibilidad de actualizar las edificaciones de uso predominantemente residencial mediante la incorporación de nuevos servicios e instalaciones para hacer efectiva la accesibilidad y movilidad de los inquilinos". Éste es un **derecho sin limitaciones**, pero con matizaciones, partiendo de la ponderación de los bienes jurídicos protegidos. Sostiene la apelante que la instalación de un ascensor en el edificio no es razonable porque no se puede ajustar a la estructura del mismo, imposibilitando físicamente su colocación.

No parece que éste haya sido el resultado probatorio del juicio. Ha quedado acreditado que los demandantes presentan enfermedades incompatibles con el uso de escaleras lo suficientemente elevadas como para hacer un uso indiscriminado de ellas. Su tipo de enfermedad, traumatológica, coronaria y respiratoria, es de suficiente entidad como para ser considerados con discapacidad a los efectos de la petición contenida en sus demandas, siendo residentes, aun cuando lo sean por temporada, de la Comunidad. No exige la ley, como bien sostiene la Juzgadora de Instancia, que sea la residencia habitual o domicilio del discapacitado, bastando con que se haga uso del inmueble por cualquier derecho de titularidad o de servicio. Pero si se lee detenidamente el suplico de la demanda, y que ha sido incluido en el fallo de la sentencia, no se está pidiendo la instalación exclusiva de un ascensor, sino de "los dispositivos mecánicos y electrónicos que favorezcan su comunicación con el exterior".

El perito Sr. Esteban viene a confirmar que la **instalación** de un ascensor es **viable**, aun cuando sea la CP la que deba encargar el proyecto y proceder a su ejecución, lo que no ha sido destruido por el perito Sr. Evaristo, quien niega esa viabilidad porque lo declarado por el anterior no solventa todos los tramos de escaleras, entendiendo que debe comprender todos los tramos, pero no concreta la forma, limitándose a decir que el perito de la parte actora propone tocar la estructura del edificio. Es un dato que no queda patente, pues no basta con criticar que se ha propuesto tocar la estructura, cuando se sostiene por el primero de los peritos que caben soluciones sin afectar a la estructura, motivo por el que propone la instalación del ascensor hasta los últimos escalones (no más de seis u ocho, según sostienen todos) existiendo soluciones de otro tipo para solventar también estos escalones (rampa o escalera mecánica).

No se aprecia infracción alguna de la normativa de accesibilidad de las personas discapacitadas por vulneración de los ajustes razonables que deban efectuarse, pues esos **ajustes razonables** los procurará la Comunidad demandada con el encargo del proyecto y su ejecución que, a buen seguro, se adaptarán a la normativa aplicable».

También la **Audiencia Provincial de Las Palmas de Gran Canaria en la sentencia n.º 1248/2023, de 30 de noviembre, ECLI:ES:APGC:2023:2283**, se pronuncia sobre el objeto de estas obras y declara que:

> «(...) con o sin acuerdo, con o sin accesibilidad universal, la comunidad está obligada a ejecutar las obras que permitan la accesibilidad al exterior de la demandante (incluso las que mejoren sustancialmente esa accesibilidad —a veces el ascensor ha de tener accesos entre distintos rellanos, como alega la comunidad en este caso para la entreplanta, que puede mejorar su accesibilidad ascendiendo hasta el primero y descendiendo por escalera a la entreplanta—), incluso si éstas sólo permiten su accesibilidad y no las del resto de los ocupantes de pisos o locales, con el límite de coste ya establecido y permitiendo a la demandante asumir el exceso sobre ese coste».

Sobre el pago limitado a doce mensualidades, la **STS n.º 374/2019, de 27 de junio, ECLI:ES:TS:2019:2199**, establece lo siguiente:

> «Esta sala debe declarar que en el juicio de equidad se resolvió aprobar la instalación del ascensor, pero nada se estableció sobre la forma de pago, en relación con lo cual se efectuó una mención genérica en la sentencia de apelación del juicio de equidad, a saber:
>
> "El resto de los temas, los de carácter económico, el importe, las posibles subvenciones, las cantidades que deban pagar cada comunero y la eventual imposibilidad de atender al importe, etc, como bien indica el Juzgado se ha de dejar a las decisiones intracomunitarias, debiéndonos circunscribir este expediente judicial al mínimo, esto es, si procede acceder a la instalación".
>
> En suma, tras el acuerdo impugnado en equidad, no hubo ningún otro que aprobase las obras, ni en la sentencia de equidad se establece un pago igualitario, por lo que como bien declara la sentencia de apelación, que ha de ser confirmada:
>
> "A nuestro juicio la redacción del art. 10.2 LPH, aplicable en su redacción dada por Ley 26/2011, se ha de interpretar en el sentido de que la instalación es obligatoria pero que su importe total **no puede superar** 12 mensualidades ordinarias de gastos comunes. Por tanto, si bien por juicio de equidad se decidió la instalación del ascensor, quienes se opusieron estaban amparados por ese precepto para limitar su contribución el equivalente a 12 mensualidades.
>
> "Cuando en las juntas que nos ocupan los disconformes votaron en contra de un presupuesto y de unas derramas que superarían aquel tope, no abusan de su derecho sino que ejercitaban el derecho recogido en el citado art. 10.2 LPH"».

En el mismo sentido también la **SAP de Granada n.º 333/2023, 27 de julio, ECLI:ES:APGR:2023:962**, en la que se señala que:

> «Los referidos artículos no son contradictorios, según resulta del art 10, estas obras no precisan de acuerdo de la comunidad cuando "el importe repercutido anualmente de las mismas, una vez descontadas las subvenciones o ayudas públicas, no exceda de doce mensualidades ordinarias de gastos comunes." Pero si el **coste es superior, las obras seguirán siendo necesarias y no requerirán de acuerdo comunitario si el coste que exceda de las citadas mensualidades, es asumido por quienes las hayan requerido**. La filosofía es clara: si el coste para la comunidad no supera esa barrera, bien porque el coste de la obra en sí sea inferior, bien porque el interesado lo asuma, la obra será obligatoria y no precisará de acuerdo de la comunidad. Por contra, si el coste de la obra es superior a doce mensualidades y dicho exceso no lo asume el interesado, la obra "requerirá el voto favorable de la mayoría

de los propietarios, que, a su vez, representen la mayoría de las cuotas de participación". Y en tal caso, "la comunidad quedará obligada al pago de los gastos, aun cuando su importe repercutido anualmente exceda de doce mensualidades ordinarias de gastos comunes"».

Sobre la necesidad de instalación de ascensores, la **STS n.º 633/2011, de 4 de octubre, ECLI:ES:TS:2011:5908**, la cual reza como sigue:

«El interés general, con referencia a las fincas antiguas, resulta de ser el ascensor un **elemento esencial** de presente y de futuro para favorecer la **movilidad** de las personas que residen en el inmueble, que redunda en beneficio, sin excepción, de todas ellas, tanto de quienes por razón de la edad o de las circunstancias físicas, temporales o permanentes, están incapacitados para acceder a las viviendas, especialmente, a las más altas, como del bienestar general y material, en cuanto implica una **revalorización** de las viviendas y se asimila en cierto modo al concepto de «barreras arquitectónicas», que es posible y necesario suprimir».

VII.- COSTAS

Se impondrán a la demandada de conformidad con lo establecido en el artículo 394 de la LEC.

VIII.- *IURA NOVIT CURIA*

En todo lo no invocado, resulta de aplicación el principio *iura novit curia* plasmado en el 218.1 de la LEC, en virtud del cual serán aplicables las demás normas que sean de pertinente, general o especial aplicación, y que el juzgador podrá tener en cuenta de oficio sin necesidad de que hayan sido previamente alegadas o invocadas por alguna de las partes intervinientes.

Por todo lo expuesto,

SUPLICO AL JUZGADO:

Que, teniendo por presentado este escrito junto con los documentos que lo acompañan y sus copias, se sirva admitirlo, tenga por interpuesta demanda de juicio ordinario frente a la comunidad de propietarios [ESPECIFICAR] y, tras los trámites oportunos, dicte en su día sentencia por la que, estimándola íntegramente:

- Se condene a la demandada al reconocimiento del derecho de mi mandante a la eliminación de las barreras arquitectónicas existentes en la comunidad de propietarios.

- Se condene a la demandada a ejecutar las obras proyectadas por don/doña [NOMBRE] de acuerdo con el proyecto de obra que ha quedado adjunto como doc. n.º [NÚMERO] para la instalación del ascensor, otorgándole un plazo de tres meses para iniciarlas y seis meses desde su inicio para finalizarlas, cuyo importe total menos subvenciones o ayudas no exceda el importe total de doce mensualidades de cuotas ordinarias de gastos comunes, asumiendo mi representado/a la diferencia, con apercibimiento de que, si no se realizare, se facultará al/a la actor/a para encargar a un tercero su ejecución.

- Se condene a la demandada al pago de las costas causadas.

Es justicia que pido en [LOCALIDAD], a [FECHA].

Ltdo.   Proc.

[NOMBRE Y FIRMA LETRADO]   [NOMBRE Y FIRMA PROCURADOR]

OTROSÍ DIGO: es intención de esta parte cumplir con todos los requisitos legales por lo que, a tenor de lo previsto en el artículo 231 de la LEC, se solicita el traslado de cualquier defecto de que adolezca la presente demanda, para su inmediata subsanación.

En su virtud,

SUPLICO AL JUZGADO:

Que tenga por efectuada la anterior manifestación a los efectos oportunos.

Es justicia que reitero, lugar y fecha *ut supra*.

Ltdo.   Proc.

[NOMBRE Y FIRMA LETRADO]   [NOMBRE Y FIRMA PROCURADOR]

---

(1) Con discapacidad o mayor de 70 años.

(2) La solicitud de instalación del ascensor puede haber sido realizada con base en distintos argumentos. A continuación, ponemos varios ejemplos, de los que habrá que elegir el que se ajuste al supuesto concreto (o añadir para el caso de que no figure entre los relacionados a continuación):

a) Solicitud directa al presidente de las obras o instalaciones para dotar de accesibilidad al edificio, por no superar las 12 mensualidades ordinarias de gastos comunes que el artículo 10.1.b) de la LPH que establece como obligatorias para la comunidad de propietarios ante la solicitud de un propietario. El presidente puede convocar una junta o no para tratar el tema. De convocarse, habría un acta que, si acuerda no realizar las obras, habría de ser impugnada.

b) Solicitud de convocatoria de una reunión de junta de comunidad de propietarios a fin de abordar las obras o instalaciones necesarias para dotar de accesibilidad el edificio, al que se acompaña presupuesto y viabilidad de las obras o instalaciones por realizar. Esta solicitud puede derivar de un supuesto como el anterior, puede traer causa de la iniciativa de 1/4 de los propietarios, puede venir motivada por lo establecido en el artículo 17.2 de la LPH (necesaria mayoría para la instalación del ascensor toda vez que el coste supera las 12 mensualidades), etc. Si el acuerdo recogido en el acta no aprueba realizar las obras, habría de ser impugnada.

c) Solicitud de introducción de punto al orden del día de una junta de propietarios convocada próximamente. Conviene acompañar presupuesto y proyecto de viabilidad de la obra o instalación. Esta solicitud puede derivar de un supuesto como el recogido en el apartado a), puede venir motivada por lo establecido en el artículo 17.2 de la LPH (necesaria mayoría para la instalación del ascensor toda vez que el coste supera las 12 mensualidades), etc. Si el acuerdo recogido en el acta no aprueba realizar las obras, habría de ser impugnada.

(3) Este modelo está enfocado a la solicitud del propietario y a la inactividad de la comunidad. Para el caso de que se llegue a celebrar una junta de propietarios en la que se trate el tema, de la que resulte un acta con el acuerdo de no proceder a las obras, el trámite correcto sería impugnar dicha acta.

(4) El art. 249.1.8.° LEC ha sido modificado por el RD-ley 6/2023, de 19 de diciembre, con entrada en vigor el 20/03/2024: «1. Se decidirán en el juicio ordinario, cualquiera que sea su cuantía: (...) 8.° Cuando se ejerciten las acciones que otorga a las Juntas de Propietarios y a éstos la Ley de Propiedad Horizontal, siempre que no versen exclusivamente sobre reclamaciones de cantidad, en cuyo caso se tramitarán por el procedimiento que corresponda». El presente formulario se halla actualizado a la citada reforma.

Demanda por comunidad de propietarios para la constitución de servidumbre legal sobre elemento privativo (instalación ascensor)

AL JUZGADO DE PRIMERA INSTANCIA DE
[LOCALIDAD] **QUE POR TURNO CORRESPONDA**

Don/Doña [NOMBRE_PROCURADOR_CLIENTE] procurador/a de los tribunales, y de la **comunidad de propietarios** de [ESPECIFICAR] representada por su presidente/a **don/doña** [NOMBRE_CLIENTE] con DNI [NÚMERO] y domicilio [DIRECCIÓN], según acredito mediante poder [notarial/apud acta] copia del cual acompaño como documento n.º [NÚMERO], bajo la dirección letrada de **don/doña** [NOMBRE_ABOGADO_CLIENTE] con número de colegiado [NÚMERO] del ICA de [LUGAR], ante el juzgado comparezco y, como mejor proceda en derecho,

DIGO

Que por medio del presente escrito vengo a formular **DEMANDA DE JUICIO ORDINARIO** frente a don/doña [NOMBRE_PARTECONTRARIA] con DNI [NÚMERO] y domicilio en [DOMICILIO] en ejercicio de la ACCIÓN DE CONSTITUCIÓN DE SERVIDUMBRE, de conformidad con los siguientes,

HECHOS

PRIMERO.- Mi representada es la comunidad de propietarios del edificio sito en [DIRECCIÓN], representada por su presidente/a don/doña [NOMBRE CLIENTE], en virtud de acta de fecha [FECHA] en la que se le nombra presidente **(1)**, la cual aportamos como **documento n.º** [NÚMERO].

SEGUNDO.- La demandada es propietaria del inmueble/local sito en [DIRECCIÓN], con una cuota de participación de [PORCENTAJE] %.

Se aporta como **documento n.º** [NÚMERO] título constitutivo de la comunidad y nota simple del Registro de la Propiedad de [LUGAR] como **documento n.º** [NÚMERO].

TERCERO.- En fecha [FECHA] se celebró junta extraordinaria de propietarios en la que se debatió la instalación de un ascensor en el edificio.

El acuerdo se adoptó por mayoría de [NÚMERO], de conformidad con el art. 17 de la LPH.

Se adjunta acta de la junta extraordinaria como **documento n.º** [NÚMERO].

CUARTO.- Para la instalación del ascensor se hace preciso el paso por el piso/local del demandado, como se pone de manifiesto en el informe pericial que adjuntamos como **documento n.º** [NÚMERO], y que se especifica que el paso deberá producirse por [ESPECIFICAR], ocupando una superficie total de [ESPECIFICAR].

Como se puede observar, no existe ninguna otra opción a los efectos de poder proceder a la instalación del ascensor, instalación por otro lado obligada, que proceder a la ocupación de esa mínima parte de la propiedad de la demandada.

QUINTO.- Ni que decir tiene que esta parte conoce y así lo ha intentado hacer saber a la adversa, que la constitución de la servidumbre lleva aparejada una indemnización, que establecemos en [ESPECIFICAR], a la que se ha negado la demandada.

Así se constató en la conciliación solicitada y celebrada en el Juzgado de [ESPECIFICAR], concluyendo la misma sin acuerdo.

Visto lo expuesto, no nos queda más remedio que proceder a la interposición de la presente acción.

A los anteriores hechos le resultan de aplicación los siguientes,

FUNDAMENTOS DE DERECHO

I. JURISDICCIÓN Y COMPETENCIA

Corresponde a la jurisdicción civil el entendimiento del presente procedimiento, de conformidad con lo dispuesto en la **Ley Orgánica del Poder Judicial** (LOPJ) en sus **artículos 9, 21 y concordantes**.

Asimismo, la competencia es de los juzgados a los que me dirijo. Así, la competencia objetiva les corresponde a los juzgados de primera instancia, puesto que les viene atribuida por razón de la materia, en virtud de lo establecido en el **artículo 45 de la LEC**.

La competencia territorial corresponde al juzgado de [LUGAR] que por turno de reparto corresponda, por ser donde se encuentra la finca, de acuerdo con el **artículo 52.1, 8.° de la LEC**.

II. CAPACIDAD Y LEGITIMACIÓN

Ambas partes ostentan capacidad suficiente para ser parte en el presente procedimiento, de conformidad con lo dispuesto en el **art. 6** y concordantes de la LEC.

El demandante está activamente legitimado para promover el presente proceso en calidad de presidente de la comunidad, de conformidad con el **art. 13.3 LPH**.

La legitimación pasiva corresponde al propietario del elemento privativo, de conformidad con el **art. 10 LEC**.

III. PROCEDIMIENTO

La tramitación del procedimiento se sujetará a lo establecido para el juicio ordinario de acuerdo con lo establecido en el **artículo 249.1. 8.° LEC**.

IV. CUANTÍA

La cuantía del presente procedimiento asciende a [NUMERO] euros de conformidad con el art. 251 de la LEC, valor que se desprende del dictamen pericial que aportamos como **documento n.°** [NÚMERO].

V. POSTULACIÓN Y DEFENSA

Deberán comparecer las partes, representadas por procurador y asistidas de letrado, de conformidad con lo dispuesto en **los arts. 23 y 31 de la LEC**.

VI. FONDO DEL ASUNTO

El **artículo 551** del Código Civil establece la posibilidad de constituir servidumbres cuando lo impone la ley en interés de los particulares o por causa de utilidad privada.

El **artículo 9.1.c) de la Ley de Propiedad Horizontal** establece la obligación de los copropietarios de permitir en el elemento privativo las servidumbres imprescindibles requeridas para la realización de obras, actuaciones o la creación de servicios comunes llevadas a cabo o acordadas conforme a lo establecido en la presente Ley, teniendo derecho a que la comunidad le resarza de los daños y perjuicios ocasionados.

Sobre la necesidad de la instalación de ascensores y por tanto de la constitución de la servidumbre para la obra se ha pronunciado el Tribunal supremo.

Sentencia del Tribunal Supremo n.º 633/2011, de 4 de octubre, ECLI:ES:TS:2011:5908

« El interés general, con referencia a las fincas antiguas, resulta de ser el ascensor un elemento esencial de presente y de futuro para favorecer la movilidad de las personas que residen en el inmueble, que redunda en beneficio , sin excepción, de todas ellas, tanto de quienes por razón de la edad o de las circunstancias físicas , temporales o permanentes, están incapacitados para acceder a las viviendas, especialmente, a las más altas, como del bienestar general y material, en cuanto implica una revalorización de las viviendas y se asimila en cierto modo al concepto de «barreras arquitectónicas», que es posible y necesario suprimir».

La jurisprudencia ha concluido sobre la constitución de servidumbre para la instalación de ascensor que la comunidad de propietarios puede, sin más requisitos que la obtención del quórum necesario, obligar a un copropietario a ceder parte de su propiedad privativa, cuando sea necesario para ejecutar el acuerdo de instalación de ascensor, siempre y cuando con ello no se prive de funcionalidad al espacio privativo ni se afecte a su habitabilidad.

Sentencia de la AP de Ourense n.º 94/2017, de 13 de marzo, ECLI:ES:APOU:2017:194

«Pues bien, es doctrina jurisprudencial de la Sala Primera del T.S. que la instalación de un ascensor en una comunidad de vecinos que carece de este servicio, es un servicio de interés general que permite la constitución de una servidumbre con el oportuno resarcimiento de daños y perjuicios, incluso cuando suponga la ocupación de parte de un espacio privativo, siempre que concurran las mayorías exigidas legalmente para la adopción de tal acuerdo, sin que resulte preceptivo el consentimiento del copropietario directamente afectado y que el gravamen no suponga una pérdida de habitabilidad y funcionalidad del espacio privativo. A título de ejemplo sentencia 819/2010, de 15 de diciembre; sentencia 844/2010, de 22 de diciembre; sentencia 633/2011, de 4 de octubre; sentencia 732/2011, de 10 de octubre; sentencia 637/2013, de 17 de octubre; sentencia 148/2016, de 10 de marzo. La sentencia 819/2010 señala que a la pregunta de si la necesidad de ascensor que tienen los propietarios de viviendas es un derecho sin limitaciones de la Comunidad por el que, sin más requisitos que la obtención del quórum necesario, se puede obligar a un copropietario a ceder su parte de la propiedad para la instalación del ascensor, ha de darse una respuesta afirmativa con matices. Señala que la Comunidad puede exigir de uno o de varios copropietarios la constitución de servidumbres permanentes sobre elementos de uso privativo para la creación de servicios comunes si estos son imprescindibles para la ejecución de acuerdos aprobados con las mayorías necesarias y responden a un interés general de todos los comuneros. Igualmente señala que la instalación de un ascensor en las fincas que carecen de él, es de interés general, pues redunda en beneficio, sin excepción, de todos los copropietarios, tanto de quienes por razón de la edad o de las circunstancias físicas, temporales o permanentes, están incapacitados para acceder a las viviendas, especialmente, a las más altas, como del bienestar general y material, en cuanto implica una revalorización de las viviendas y se asimila en cierto modo al concepto de 'barreras arquitectónicas', que es posible y necesario suprimir. Afirma la sentencia comentada que la controversia ha de solventarse a partir de la ponderación que se haga de los bienes jurídicos protegidos: el del propietario a no ver alterado o perturbado su derecho de propiedad y el de la Comunidad a instalar un ascensor, en la que se tenga en cuenta el alcance de esa afección sobre el elemento privativo que pueda impedir o mermar sustancialmente su aprovechamiento, más allá de lo que constituye el verdadero contenido y alcance de la servidumbre como limitación o gravamen impuesto sobre un inmueble en beneficio de otro perteneciente a distinto dueño, según el artículo 530 del CC , y no como una posible anulación de los derechos del predio sirviente que conlleve la desaparición de la posibilidad de aprovechamiento que resulta a su favor en el artículo 3.ª) de la Ley de Propiedad Horizontal . A partir de esta sentencia y de las otras citadas, se puede concluir que, la comunidad de propietarios puede, sin más requisitos que la obtención del quórum necesario, obligar a un copropietario a ceder parte de su propiedad privativa, cuando sea necesario para ejecutar el acuerdo de instalación de ascensor, siempre y cuando con ello no se prive de funcionalidad al espacio privativo ni se afecte a su habitabilidad».

Con la constitución de la servidumbre no se priva de forma absoluta al propietario de su elemento privativo y así lo ha declarado el Tribunal Supremo.

Sentencia del Tribunal Supremo n.º 148/2016, de 10 de marzo, ECLI:ES:TS:2016:979

«Se ha de dar a partir de la ponderación de los bienes jurídicos protegidos: el del propietario a no ver alterado o perturbado su derecho de propiedad y el de la comunidad a instalar el ascensor, teniendo en cuenta el alcance de esa afección sobre el elemento privativo respecto a que pueda impedir o mermar sustancialmente su aprovechamiento. Esto es, se trata de apreciar si la afección va más allá de lo que constituye el verdadero contenido y alcance de la servidumbre como limitación o gravamen impuesto sobre un inmueble en beneficio de otro perteneciente a distinto dueño, según el artículo 530 CC, y no como una posible anulación de los derechos del predio sirviente que concibe una desaparición de la posibilidad del aprovechamiento que resulta a su favor en el artículo 3a) de la Ley (STS de 15 diciembre 2010)».

VII. COSTAS

Se impondrán a la demandada de conformidad con el **art. 394 de la LEC**.

VIII. *IURA NOVIT CURIA*

En todo lo no invocado resulta de aplicación el principio *iura novit curia*, plasmado en el párrafo segundo del punto primero del artículo 218 de la Ley de Enjuiciamiento Civil, en virtud del cual serán aplicables las demás normas que sean de pertinente, especial o general aplicación, y que el juzgador podrá tener en cuenta de oficio sin necesidad de que hayan sido previamente alegados o invocados por alguna de las partes intervinientes.

Por lo expuesto,

SUPLICO AL JUZGADO, que tenga por presentado este escrito, con sus copias y documentos que lo acompañan, me tenga por comparecido y parte, se sirva admitirlo y, en su virtud tenga por presentada **DEMANDA DE JUICIO ORDINARIO** frente a [NOMBRE_PARTECONTRARIA] y, previos los trámites legales oportunos dicte sentencia por la que estime la presente demanda y DECLARE el derecho de mi mandante a la constitución de la servidumbre sobre el elemento privativo descrito en el antecedente fáctico cuarto, CONDENANDO a la adversa a estar y pasar por tal declaración y a que permita la constitución de la servidumbre indicada procediendo a no impedir ni la constitución ni la permanencia de la misma.

Todo ello, con la contraprestación indicada de [ESPECIFICAR].

Con expresa imposición de costas a la parte demandada.

Es justicia que pido en [LOCALIDAD], a [DIA] de [MES] de [AÑO].

Firma   Firma
[NOMBRE_ABOGADO]   [NOMBRE_PROCURADOR]

OTROSÍ DIGO Y SUPLICO que de acuerdo con lo dispuesto en el artículo 231 de la Ley Procesal, el tribunal cuidará de que puedan subsanarse los defectos en que incurran los actos procesales de esta parte, a tenor de lo cual se manifiesta expresamente la voluntad de esta parte de cumplir en su totalidad los requisitos exigidos por la Ley.

Es Justicia que reitero, lugar y fecha *ut supra*.

Firma   Firma
[NOMBRE_ABOGADO]   [NOMBRE_PROCURADOR]

---

(1) En caso de reelección, presentar el acta de la última reelección.

Demanda contra la comunidad para supresión de barreras arquitectónicas (Cataluña)

AL JUZGADO DE PRIMERA INSTANCIA DE [LOCALIDAD] QUE POR TURNO DE REPARTO CORRESPONDA

Don/Doña [NOMBRE_PROCURADOR_CLIENTE], procurador/a de los tribunales, en nombre y representación de don/doña [NOMBRE_CLIENTE] con DNI [NUMERO] y con domicilio en [DIRECCIÓN_CLIENTE], según acredito mediante poder [notarial/apud acta], y bajo dirección letrada de don/doña [NOMBRE_ABOGADO_CLIENTE], colegiado/a núm. [NÚMERO] por el ICA de [LOCALIDAD] ante el juzgado comparezco y, como mejor proceda en derecho,

DIGO

Que, por medio del presente escrito y al amparo de lo establecido en el artículo 553-25.5 del CCCat, vengo a formular **DEMANDA DE JUICIO ORDINARIO** frente a la comunidad de propietarios del edificio [ESPECIFICAR], con CIF [NUMERO], domiciliada en [DIRECCIÓN], representada por don/doña [NOMBRE_PRESIDENTE], con DNI [NUMERO], dada su condición de presidente, tal y como se desprende del acta de la junta de propietarios de fecha [FECHA], que adjunta se acompaña como doc. núm. [NUMERO], en reclamación de realización de obras de supresión de barreras arquitectónicas (instalación de ascensor), de conformidad con los siguientes,

HECHOS

PRIMERO.- Mi mandante es propietario/a del inmueble [DESCRIPCIÓN], perteneciente a la comunidad de propietarios demandada. Representa una cuota de participación del [PORCENTAJE] %.

Se acompaña como doc. núm. [NUMERO] nota simple registral de la vivienda y como doc. núm. [NUMERO] título constitutivo del inmueble donde radica.

Por otro lado, nos encontramos ante una persona [ESPECIFICAR] **(1)** lo que dificulta su movilidad por lo que hace necesario la instalación de un ascensor para que pueda acceder a su vivienda.

SEGUNDO.- Con fecha [FECHA], mi representado/a solicitó a la referida comunidad de propietarios la celebración de junta extraordinaria para someter a votación la instalación de un ascensor para la eliminación de las barreras arquitectónicas existentes.

Celebrada la junta de propietarios no resultó aprobado el acuerdo al no alcanzarse la mayoría exigida legalmente (mayoría simple de los propietarios que han participado en cada votación, que tiene que representar, al mismo tiempo, la mayoría simple del total de sus cuotas de participación). Se adjunta como doc. núm. [NÚMERO] acta de la junta extraordinaria.

La instalación del ascensor es completamente compatible con la configuración del edificio y no supone una alteración importante de los demás elementos comunes que suponga perjuicio directo para alguno de los propietarios.

En este sentido, adjuntamos como doc. núm. [NÚMERO] informe pericial donde se especifica que el paso del ascensor deberá producirse por [ESPECIFICAR] lo que no produce ningún perjuicio grave para ningún propietario ni para las zonas comunes.

A los anteriores hechos son de aplicación los siguientes:

FUNDAMENTOS DE DERECHO

PRIMERO.- JURISDICCIÓN Y COMPETENCIA

Corresponde a la jurisdicción civil el entendimiento del presente procedimiento, de conformidad con lo dispuesto en los artículos 9, 21 y concordantes de la LOPJ.

Asimismo, la competencia es de los juzgados a los que me dirijo. Así, la competencia objetiva les corresponde a los juzgados de primera instancia, puesto que les viene atribuida por razón de la materia, en virtud de lo establecido en los artículos 44 y 45 de la LEC. En cuanto a la competencia territorial corresponde al Juzgado de [LOCALIDAD] que por turno de reparto corresponda, por ser donde se encuentra la finca, de acuerdo con los artículos 45 y 52.1.8.º de la LEC.

SEGUNDO.- CAPACIDAD Y LEGITIMACIÓN

Ambas partes poseen capacidad y legitimación suficiente para ser parte en el presente procedimiento, de conformidad con lo dispuesto en los artículos 6, 10 y concordantes de la LEC, así como el 13.3 de la LPH, que establece: «3. El presidente ostentará legalmente la representación de la comunidad, en juicio y fuera de él, en todos los asuntos que la afecten».

También el artículo 553-16 del CCCat establece entre las funciones del presidente la de representar a la comunidad judicial y extrajudicialmente.

En cuanto a la condición de presidente de don/doña [NOMBRE] nos remitimos al acta de la junta de propietarios que ha quedado adjunta como doc. núm. [NÚMERO].

Con relación a la legitimación activa para ejercitar la acción derivada del art. 553-25 en su apartado quinto, la Audiencia Provincial de Barcelona en la **sentencia n.º 669/2023, de 6 de noviembre, ECLI:ES:APB:2023:11273**, ha señalado que «Conforme a la literalidad del precepto, la intervención judicial a los efectos de la supresión de las barreras arquitectónicas podría ser promovida por un solo propietario en el que concurrieran las razones de edad o discapacidad a las que se ha hecho referencia, incluso cuando la actuación pretendida comporte una afectación de la estructura o configuración exterior del edificio».

TERCERO.- PROCEDIMIENTO

El artículo 249.1.8.º de la LEC determina que las demandas en las que se ejerciten acciones que otorga a las juntas de propietarios y a éstos la LPH se someten al procedimiento ordinario cuando no versen exclusivamente de reclamaciones de cantidad, en cuyo caso se tramitan por juicio verbal o el procedimiento especial que corresponda. Toda vez que en la presente demanda se insta el cumplimiento de una obligación de hacer, corresponde dirimir la *litis* por los cauces del juicio ordinario **(2)**.

CUARTO.- CUANTÍA

La cuantía del presente procedimiento asciende a [NÚMERO] euros de conformidad con lo establecido en el artículo 251 de la LEC, importe que se desprende del importe del proyecto de obra que ha quedado adjunto como doc. núm. [NÚMERO].

QUINTO.- POSTULACIÓN Y DEFENSA

Mi mandante comparece representado/a por procurador/a y asistido/a de letrado/a, de conformidad con lo dispuesto en los artículos 23 y 31 de la LEC.

SEXTO.- FONDO DEL ASUNTO

De acuerdo con lo establecido en el artículo 553-25 del CCCat.

En el apartado 2 se refiere a la mayoría necesaria para la aprobación del acuerdo para suprimir barreras arquitectónicas:

«2. Se adoptan por mayoría simple de los propietarios que han participado en cada votación, que tiene que representar, al mismo tiempo, la mayoría simple del total de sus cuotas de participación, los acuerdos que hacen referencia a:

a) La ejecución de obras o el establecimiento de servicios que tienen la finalidad de suprimir barreras arquitectónicas o la instalación de ascensores, aunque el acuerdo comporte la modificación del título de constitución y de los estatutos o aunque las obras o los servicios afecten a la estructura o la configuración exterior.

b) Las innovaciones exigibles para la habitabilidad, accesibilidad, seguridad del inmueble o eficiencia energética o hídrica según su naturaleza y características, aunque el acuerdo comporte la modificación del título de constitución y de los estatutos o afecten a la estructura o a la configuración exterior».

El apartado 5 de ese mismo artículo contempla la posibilidad de acudir a la autoridad judicial para el caso de que no se apruebe el acuerdo:

«5. Los propietarios o titulares de un derecho posesorio sobre el elemento privativo, en caso de que ellos mismos o las personas con quienes conviven o trabajan sufran alguna discapacidad o sean mayores de setenta años, si no consiguen que se adopten los acuerdos a qué hacen referencia las letras a) y b) del apartado 2, pueden pedir a la autoridad judicial que obligue a la comunidad a suprimir las barreras arquitectónicas o a hacer las innovaciones exigibles, siempre que sean razonables y proporcionadas, para alcanzar la accesibilidad y transitabilidad del inmueble en atención a la discapacidad que las motiva».

Con relación a la supresión de barreras arquitectónicas la Ley 13/2014, de 30 de octubre, de accesibilidad de Cataluña en su art. 15.1 dispone que:

«Los edificios y los establecimientos considerados existentes de acuerdo con lo establecido por el apartado 2 de la disposición transitoria tercera deben alcanzar progresivamente las condiciones de accesibilidad que permitan a las personas con discapacidad acceder a los mismos y hacer uso de ellos, de acuerdo con los principios de ajustes razonables y de proporcionalidad. Deben determinarse por reglamento los plazos y las condiciones para dicha adaptación».

Y en su art. 17.1, la ya mentada Ley 13/2014, de 30 de octubre, de accesibilidad de Cataluña, establece:

«Las zonas comunes de los edificios plurifamiliares donde residan personas con discapacidad, o personas mayores de setenta años, deben tener las condiciones de accesibilidad adecuadas a sus necesidades de acceso a la vivienda, de comunicación y de interacción con el acceso al edificio que sean técnicamente posibles. Corresponde a la comunidad de propietarios, o al propietario único del edificio, llevar a cabo y sufragar las actuaciones y las obras de adecuación necesarias».

En el presente caso se ha cumplido con lo establecido en la ley al haberse sometido inicialmente, a la junta de propietarios el acuerdo sobre las obras para eliminar barreras arquitectónicas en el edificio. La necesidad de someterlo a la junta con carácter previo a acudir a la autoridad judicial ha sido recogida por **SAP de Tarragona, n.º 279/2022, de 19 de mayo, ECLI:ES:APT:2022:1054**:

«2. De la necesaria solicitud de autorización a la Junta de propietarios.

La sentencia recurrida desestima la demanda reconvencional por cuanto el actor reconvencional no había solicitado, previo al ejercicio de la acción, autorización para la realización de las obras a la Junta de Propietarios y ello en aplicación del artículo 553-25.2 CCCat que fija la adopción por mayoría simple delos acuerdos relativos a la ejecución de obras o establecimiento de servicios que tienen la finalidad de suprimir barreras arquitectónicas o la instalación de ascensores, aunque suponga la modificación del título constitutivo y de los estatutos o las obras afecten a la estructura o configuración exterior. Tiene en cuenta el juzgador de instancia que el apartado quinto de dicho artículo indica que "los propietarios o titulares de un derecho posesorio sobre el elemento privativo, en caso de que ellos mismos o las personas con quienes conviven o trabajan sufran alguna discapacidad o sean mayores de setenta años, si no consiguen que se adopten los acuerdos a qué hacen referencia las letras a) y b) del apartado 2, pueden pedir a la autoridad judicial que obligue a la comunidad a suprimir las barreras arquitectónicas o a hacer las innovaciones exigibles, siempre que sean razonables y proporcionadas, para alcanzar la accesibilidad y transitabilidad del inmueble en atención a la discapacidad que las motiva". Este tribunal comparte la argumentación, añadiendo que el artículo 553-36 CCCat indica que "Los propietarios que se propongan hacer obras en su elemento privativo deben comunicarlo previamente a la presidencia o a la administración de la comunidad. Si la obra supone la alteración de elementos comunes, es preciso el acuerdo de la junta de propietarios" y "La comunidad puede exigir la reposición al estado originario de los elementos comunes alterados sin su consentimiento"».

La **STSJ de Cataluña n.º 36/2012, de 11 de junio, ECLI:ES:TSJCAT:2012:8891** con relación la valoración que debe llevar a cabo el tribunal establece que:

«Necesariamente el Tribunal, acreditada la negativa de la Comunidad a la realización de las obras demandadas, deberá realizar un juicio ponderado sobre las necesidades de tales vecinos y las posibilidades de realización y asunción de las obras por los restantes, partiendo de que, en abstracto, los derechos de los primeros resultan más relevantes que los de los segundos en atención al valor superior que el principio de igualdad tiene sobre los derechos dominicales que desarrollan las normas relativas a la propiedad horizontal.

Ello implica que en tal juicio de ponderación o proporcionalidad deba el Tribunal considerar, por un lado, la clase y tipo de minusvalías físicas o la edad de los concretos peticionarios incluso su número, con independencia de que tales discapacidades hayan sido determinadas en vía administrativa y, de otro, sin ánimo exhaustivo: a) el mantenimiento del propio sistema; b)los derechos que en su caso podrían resultar afectados por la instalación; c) el coste total de las obras; d) la capacidad de la Comunidad y de sus miembros para llevarlas a cabo sin afectar a su propia subsistencia; d) las ayudas oficiales previstas y con las que podría contar la Comunidad para sufragar las obras».

También conviene traer a colación la **sentencia de la Audiencia Provincial de Barcelona n.º 669/2023, de 6 de noviembre, ECLI:ES:APB:2023:11273**, en la que recordando lo recogido en la **sentencia del Tribunal Superior de Justicia de Cataluña n.º 15/2019, de 21 de febrero, ECLI:ES:TSJCAT:2019:1240**, señala que:

«En relación específicamente con la instalación de ascensores como sistema de superación de barreras arquitectónicas la sentencia del Tribunal

148

Superior de Justicia de Catalunya de 21 de febrero de 2019 estableció las siguientes directrices:

"1. La conveniencia de la instalación de ascensores u otros mecanismos de elevación u otras instalaciones adecuadas para superar barreras arquitectónicas dentro o fuera de los edificios, sean estos públicos o privados, ha ido haciéndose patente a lo largo del tiempo y como ya dijo esta Sala en la STS-JCat de 20 de febrero de 2012 se reconoce ya sin dificultad en la actualidad, como lógica consecuencia evolutiva de los avances y derechos sociales y en lo que atañe a las fincas antiguas, que resulta de interés general la instalación del ascensor como elemento esencial de presente y de futuro para favorecer la movilidad de las personas que residen en los inmuebles y que redunda en beneficio, sin excepción, de todas ellas, tanto de quienes por razón de la edad o de las circunstancias físicas, temporales o permanentes, están incapacitados para acceder a las viviendas, especialmente, a las más altas, como del bienestar general y material, en cuanto implica una revalorización del edificio. Por tal razón no pueden calificarse como de lujo innecesario dichas instalaciones.

(...)

3. Es por ello que las condiciones de accesibilidad son útiles y necesarias no solo para un colectivo específico sino que perjudican o pueden perjudicar a la larga a mayores y más numerosos segmentos de la población»".

SÉPTIMO.- COSTAS

Se impondrán a la demandada de conformidad con lo establecido en el artículo 394 de la LEC.

OCTAVO.- *IURA NOVIT CURIA*

En todo lo no invocado resulta de aplicación el principio *iura novit curia*, plasmado en el 218.1 de la LEC, en virtud del cual serán aplicables las demás normas que sean de pertinente, general o especial aplicación, y que el juzgador podrá tener en cuenta de oficio sin necesidad de que hayan sido previamente alegadas o invocadas por alguna de las partes intervinientes.

Por todo lo expuesto,

SUPLICO AL JUZGADO:

Que, teniendo por presentado este escrito junto con los documentos que lo acompañan y sus copias, se sirva admitirlo, tenga por interpuesta **DEMANDA DE JUICIO ORDINARIO** frente a la comunidad de propietarios [ESPECIFICAR] y, tras los trámites oportunos, dicte en su día sentencia por la que, estimándola íntegramente:

- Se condene a la demandada al reconocimiento del derecho de mi mandante a la eliminación de las barreras arquitectónicas existentes en la comunidad de propietarios.

- Se condene a la demandada a ejecutar las obras proyectadas por don/doña [NOMBRE] de acuerdo con el proyecto de obra que ha quedado adjunto como doc. núm. [NÚMERO] para la instalación del ascensor, otorgándole un plazo de tres meses para iniciarlas y seis meses desde su inicio para finalizarlas.

- Se condene a la demandada al pago de las costas causadas.

Es justicia que pido en [LOCALIDAD], a [FECHA].

<table>
<tr><td>Firma</td><td>Firma</td></tr>
<tr><td>[NOMBRE Y FIRMA LETRADO]</td><td>[NOMBRE Y FIRMA PROCURADOR]</td></tr>
</table>

149

OTROSÍ DIGO: es intención de esta parte cumplir con todos los requisitos legales por lo que, a tenor de lo previsto en el artículo 231 de la LEC, se solicita el traslado de cualquier defecto de que adolezca la presente demanda, para su inmediata subsanación.

En consecuencia,

SUPLICO AL JUZGADO:

Tenga por efectuada la anterior manifestación a los efectos oportunos.

Es justicia que reitero, lugar y fecha *ut supra*.

Firma   Firma

[NOMBRE Y FIRMA LETRADO]   [NOMBRE Y FIRMA PROCURADOR]

---

(1) Con discapacidad o mayor de 70 años.

(2) El RD-ley 6/2023, de 19 de diciembre, modifica el art. 249.1.8.º LEC con entrada en vigor el 20/03/2024: «1. Se decidirán en el juicio ordinario, cualquiera que sea su cuantía: (...) 8.º Cuando se ejerciten las acciones que otorga a las Juntas de Propietarios y a éstos la Ley de Propiedad Horizontal, siempre que no versen exclusivamente sobre reclamaciones de cantidad, en cuyo caso se tramitarán por el procedimiento que corresponda». El presente formulario se halla actualizado a la citada reforma.

Oposición a la demanda de instalación de ascensor con constitución de servidumbre

Procedimiento: [ESPECIFICAR]

Número: [NÚMERO] / [AÑO]

AL JUZGADO DE PRIMERA INSTANCIA N.º [NÚMERO] DE [LUGAR]

Don/Doña [NOMBRE_PROCURADOR], procurador de los tribunales y de don/doña [NOMBRE_CLIENTE], en virtud de poder [NOTARIAL/APUD ACTA] a mi favor conferido, copia del cual acompañamos como documento n.º [NÚMERO], bajo la dirección letrada de don/doña [NOMBRE_LETRADO], colegiado núm. [NÚMERO] por el ICA de [LUGAR], ante este juzgado comparezco y, como mejor proceda en Derecho,

DIGO

Habiendo sido notificada esta parte en fecha [FECHA] de demanda para la instalación de ascensor interpuesta por la comunidad de propietarios [ESPECIFICAR] por medio de su presidente don/doña [NOMBRE], dentro del plazo conferido al efecto vengo a interponer CONTESTACIÓN A LA DEMANDA PARA LA INSTALACIÓN DE ASCENSOR, OPONIÉNDOME A LA MISMA y ello de conformidad con los siguientes,

HECHOS

PRIMERO.- Se niegan la totalidad de los expuestos de adverso a excepción de los que expresamente se constaten como veraces en la presente.

SEGUNDO.- Conforme con el correlativo que se refiere a la celebración de la junta extraordinaria por la que se debatió la instalación de ascensor en la comunidad de propietarios.

TERCERO.- Disconforme con el correlativo en el que se establece la necesidad de que para la instalación del ascensor se hace preciso que el mismo pase por el local de esta parte.

La parte demandante alega no existir otra posibilidad para la instalación del ascensor, sin embargo, conforme al informe pericial que acompaña al presente escrito como documento n.º [NÚMERO] existe la posibilidad de que la instalación se realice en el espacio del patio de luces, en cuyo caso el local de mi representado no se vería perjudicado, ni se afectaría ningún bien privativo.

CUARTO.- Disconforme con la valoración que la parte demandante realiza en cuanto a la indemnización.

La parte demandante señala que el local se ve afectado en [ESPECIFICAR] metros cuadrados estableciendo la indemnización en [ESPECIFICAR] euros. Sin embargo, si bien la superficie afectada es de los metros cuadrados señalados por la parte contraria los mismos se corresponde con el almacén del local el cual quedaría inutilizado. Esta situación ocasiona un grave perjuicio para mi representado el cual se vería privado de un espacio de almacén necesario para el desarrollo de su actividad consiste en [ESPECIFICAR].

Es por ello por lo que la indemnización que correspondería sería de [ESPECIFICAR] euros conforme al informe pericial que se adjunta como documento n.º [NÚMERO].

A los anteriores hechos le resultan de aplicación los siguientes,

FUNDAMENTOS DE DERECHO

PRIMERO.- JURISDICCIÓN Y COMPETENCIA

Conforme con el correlativo al ser de aplicación lo dispuesto en los arts. 9, 21 y concordantes de la Ley Orgánica del Poder Judicial (LOPJ), así como los artículos 45 y 52 de la Ley de Enjuiciamiento Civil.

SEGUNDO.- CAPACIDAD Y LEGITIMACIÓN

Conformes con el correlativo, pues se debe entender de aplicación lo dispuesto en los artículos 6, 10 y concordantes de la LEC, así como el art. 13.3 de la LPH en cuanto a la legitimación activa del presidente de la comunidad.

TERCERO.- PROCEDIMIENTO

Conforme con el correlativo, pues el procedimiento por el que se debe sustanciar el presente procedimiento corresponde, al juicio ordinario previsto en el art. 249.1.8.º de la LEC.

CUARTO.- CUANTÍA

Disconforme con la cuantía establecida en el escrito de demanda. Esta parte entiende que la cuantía ha de ascender a [ESPECIFICAR] euros, de conformidad con el art. 251 de la LEC valor que se desprende del dictamen pericial que aportamos como documento n.º [NÚMERO].

QUINTO.- POSTULACIÓN Y DEFENSA

Ambas partes, conforme indica la actora, deben actuar representadas por procurador y asistidas de letrado, de conformidad con lo dispuesto en los arts. 23 y 31 de la LEC.

SEXTO.- FONDO DEL ASUNTO

Si bien el art. 9.1.c) de la LPH establece la establece la obligación de los copropietarios de permitir en el elemento privativo las servidumbres imprescindibles requeridas para la realización de obras, actuaciones o la creación de servicios comunes, también ha de tenerse en cuenta que el Tribunal Supremo ha señalado que esta servidumbre no puede afectar a la funcionalidad del elemento privativo tal y como ha señalado la **STS n.º 148/2016, de 10 de marzo, ECLI:ES:TS:2016:979**, al señalar:

> «(...) Se ha de dar a partir de la ponderación de los bienes jurídicos protegidos: el del propietario a no ver alterado o perturbado su derecho de propiedad y el de la comunidad a instalar el ascensor, teniendo en cuenta el alcance de esa afección sobre el elemento privativo respecto a que pueda impedir o mermar sustancialmente su aprovechamiento. Esto es, se trata de apreciar si la afección va más allá de lo que constituye el verdadero contenido y alcance de la servidumbre como limitación o gravamen impuesto sobre un inmueble en beneficio de otro perteneciente a distinto dueño, según el artículo 530 CC, y no como una posible anulación de los derechos del predio sirviente que concibe una desaparición de la posibilidad del aprovechamiento que resulta a su favor en el artículo 3a) de la Ley (STS de 15 diciembre 2010).
>
> (iv) La ocupación de un espacio privativo, en el que difícilmente concurriría el consentimiento del vecino afectado, no puede suponer una privación del derecho de propiedad al extremo de suponer una pérdida de habitabilidad y funcionalidad de su espacio privativo (STS de 22 diciembre de 2010)».

Tal como se ha señalado por esta parte la obra que se pretende llevar a cabo por la comunidad de propietarios perjudicaría la funcionalidad del local al privarlo del espacio de almacenaje requerido para el desarrollo de la actividad. Si bien la obra de ascensor se hace necesaria, existe otra alternativa, tal como se deduce de los informes aportados con este escrito, por la cual no se afectaría ningún elemento privativo.

En cuanto a la indemnización propuesta por la parte demandante la misma se estima insuficiente para resarcir el perjuicio que se ocasionaría al propietario del local. La indemnización no se ha calculado en forma adecuada ya que para su cálculo se ha tenido únicamente en cuenta los metros cuadrados ocupados, sin hacer valoración del demérito experimentado, tal como ha señalado en la **STS n.º 637/2013, de 17 de octubre, ECLI:ES:TS:2013:5021:**

«Como contraprestación a la obligación impuesta al propietario, el artículo 9.1 letra c de la LPH le reconoce al propietario afectado el derecho a ser resarcido de los daños y perjuicios causados, los cuales vienen correctamente fijados en la sentencia de 1.ª Instancia, a determinar en ejecución de sentencia, a salvo de los acuerdos a que pudieran llegar las partes, conforme a los siguientes criterios:

a) una indemnización a precio de mercado, según locales de iguales características y ubicados en la misma zona e idéntica localidad, correspondiente a la superficie en m2 invadida, según dictamen pericial, incluida la superficie de vuelo que se va a ocupar y calculada conforme al tiempo en que se proceda a la ejecución de las obras.

b) una cantidad a tanto alzado por el demérito experimentado por el local como consecuencia de su menor superficie en la zona de trastienda precisando que, a falta de acuerdo sobre dicha cantidad y siendo necesario acudir en ejecución de sentencia a la designación de un perito judicial, los gastos de todo tipo que se generen correrán a cargo de la comunidad de propietarios actora...

d) una indemnización dineraria para el supuesto de que, como consecuencia de la ejecución de las obras precisas, se causen daños al local previa acreditación fehaciente de los mismos».

SÉPTIMO.- COSTAS

En aplicación del art. 394.1 de la LEC, deberán imponerse las costas al demandante.

OCTAVO.- *IURA NOVIT CURIA*

En todo lo no invocado resulta de aplicación el *principio iura novit curia*, plasmado en el párrafo segundo del punto primero del artículo 218 de la Ley de Enjuiciamiento Civil.

Por todo lo expuesto

SUPLICO AL JUZGADO:

Que tenga por presentado este escrito y documentos adjuntos, los admite, les de la tramitación legal oportuna y, previos los trámites oportunos, dicte sentencia por la que **DESESTIME LA DEMANDA**. Todo ello con expresa imposición en costas a la adversa.

SUBSIDIARIAMENTE, SUPLICO AL JUZGADO:

Que para el caso de que se declare la necesidad de instalación del ascensor en los términos de la demanda, se establezca como indemnización la cuantía de [ESPECIFICAR] euros, conforme al informe pericial aportado por esta parte como documento n.º [NÚMERO].

Por ser de Justicia en [LUGAR] a [FECHA].

[FIRMA_ABOGADO]   [FIRMA_PROCURADOR]

OTROSÍ DIGO: Siendo intención de esta parte cumplir con todos los requisitos legales, a tenor de lo previsto en el artículo 231 de la Ley de Enjuiciamiento Civil, se solicita se le diere traslado de cualquier defecto que adoleciere la presente para la inmediata subsanación de la misma.

SUPLICO AL JUZGADO:

Tenga por efectuada la anterior manifestación a los efectos oportunos

Por ser de Justicia, fecha y lugar *ut supra*.

[FIRMA_ABOGADO]   [FIRMA_PROCURADOR]

Recurso de apelación contra la sentencia que deniega la constitución de una servidumbre para la instalación del ascensor

Procedimiento: [NÚMERO/AÑO]

NIG: [ESPECIFICAR]

A LA AUDIENCIA PROVINCIAL DE [PROVINCIA] (1)

Don/Doña [NOMBRE_PROCURADOR_CLIENTE], procurador/a de los tribunales y de **don/doña** [NOMBRE_CLIENTE], según tengo acreditado en los autos de juicio ordinario señalados con el número [NÚMERO], seguidos a instancia de esta parte, frente a [NOMBRE_PARTE_CONTRARIA], bajo la dirección letrada de **don/doña** [NOMBRE_ ABOGADO_CLIENTE], colegiado/a n.º [NÚMERO] ante la audiencia comparezco y, como mejor proceda en Derecho,

DIGO

Que en la representación que ostento y por medio del presente escrito, dentro del plazo que se me ha conferido, **interpongo, en tiempo y forma RECURSO DE APELACIÓN contra la resolución** de fecha [FECHA], recaída en las presentes actuaciones y notificada en fecha [FECHA], de conformidad con lo dispuesto en el art. 458 y siguientes de la Ley de Enjuiciamiento Civil (LEC), y ello de conformidad con las siguientes,

ALEGACIONES

PREVIA.- Se presenta el recurso de apelación, con base al artículo 458 y siguientes de la Ley de Enjuiciamiento Civil. El recurso se presenta en el plazo y en la forma prevista en la ley. La resolución que se recurre es la n.º [NÚMERO], de fecha [FECHA], se dictó en procedimiento [TIPO PROCEDIMIENTO Y CUANTÍA], por el Juzgado [ESPECIFICAR] (2).

PRIMERA.- MOTIVOS DE APELACIÓN (3)

La sentencia de primera instancia desestimó la demanda presentada por esta parte en la que se solicitaba la constitución de una servidumbre necesaria para la instalación del ascensor en la propiedad de don/doña [NOMBRE], propietario de [ESPECIFICAR LOCAL O VIVIENDA].

Dicho con todos los respectos, considera esta parte que la sentencia incurre en error en la valoración de la prueba y vulneración de la doctrina del Tribunal Supremo.

Mi mandante, la comunidad de propietarios [ESPECIFICAR], tal y como consta acreditado en autos, aprobó en la junta de propietarios de fecha [FECHA], la instalación del ascensor como medida más eficiente para lograr la eliminación de barreras arquitectónicas.

El proyecto aprobado en la junta requiere del establecimiento de una servidumbre en el [LOCAL/VIVIENDA] de la parte contraria que, a la vista de los informes periciales aportados con la demanda, y de la prueba practicada en el acto del juicio, ha quedado

155

acreditado que se trata de una servidumbre necesaria, y que en ningún caso supone la pérdida de habitabilidad y funcionalidad de la propiedad afectada.

SOBRE LA VALIDEZ DEL ACUERDO

Cumpliendo con lo dispuesto en el art. 17.2 de la LPH, el acuerdo en el que se aprobó el establecimiento de los servicios de ascensor salió adelante con el voto favorable de la mayoría de los propietarios, que, a su vez, representaban la mayoría de las cuotas de participación.

Este acuerdo de fecha [FECHA], en el que se aprobaba por mayoría la instalación del ascensor, y el establecimiento de la servidumbre discutida, no ha sido válidamente impugnado, lo que conllevaría que el mismo sea directamente ejecutable.

Dicho acuerdo consta notificado a la adversa en fecha [FECHA], y han transcurrido los plazos legales sin que se haya producido la impugnación del mismo. Esto implica que, al no tratarse de un acuerdo radicalmente nulo, nos encontramos ante un acta válida y ejecutable, y únicamente cabría entrar a discutir el importe de la indemnización. En este sentido cabe citar la **sentencia de la Audiencia Provincial de Madrid n.º 577/2023, de 14 de diciembre, ECLI:ES:APM:2023:18863**:

> «(...) no es estimable la alegación del recurso relativa a la no necesidad de la obra de ampliación de trayectoria del ascensor o de ocupación de superficie no consentida, desde el momento en que, **no habiéndose dilucidado mediante impugnación judicial de acuerdos comunitarios** ejecutivos la posible existencia de alternativas constructivas, de la viabilidad urbanística y el proceso de licencia, el perjuicio reclamable por la propiedad afectada por una limitación de carácter permanente y no general a todos los comuneros se circunscribe a la señalada indemnización de daños, a determinar en proceso separado, de resultar procedente, ya que para esta reclamación no se precisa de la expresa oposición a los acuerdos de realización de obras. Tal y como reseña la SAP Madrid Sección 14.ª de 12 de febrero de 2015 "La reclamación de ese resarcimiento es del todo independiente de la eventual oposición del interesado a la ejecución de la obra en la Junta en que se hubiere aprobado, máxime cuando el mismo art. 9.1.c L.P.H. le impone el deber de consentir las obras en cuestión. Y no existe precepto legal, ni se invoca por la apelante, que obligue al interesado a anticipar o anunciar su pretensión de resarcimiento al tiempo de la Junta."».

SOBRE LA SERVIDUMBRE NECESARIA PARA LA INSTALACIÓN DEL ASCENSOR

El art. 9.1.c) de la LPH regula la obligación de los propietarios de permitir las servidumbres imprescindibles requeridas para la realización de obras, y la creación de servicios comunes en los siguientes términos:

> «1. Son obligaciones de cada propietario:
> (...)
> c) Consentir en su vivienda o local las reparaciones que exija el servicio del inmueble y permitir en él las servidumbres imprescindibles requeridas para la realización de obras, actuaciones o la creación de servicios comunes llevadas a cabo o acordadas conforme a lo establecido en la presente Ley, teniendo derecho a que la comunidad le resarza de los daños y perjuicios ocasionados».

El Tribunal Supremo en su **STS n.º 152/2024, de 6 de febrero, ECLI:ES:TS:2024:475** recoge que:

> «Igualmente en la sentencia 381/2018, de 21 de junio, se entendió que:
> "**La instalación del ascensor**, y aquí la ampliación de su trayectoria ("a cota cero"), **ha de reputarse no solo exigible, sino también necesaria y requerida**

para la habitabilidad y uso total del inmueble, impuesta por la normalización de su disfrute por todos los vecinos, y no como una simple obra innovadora de mejora (sentencias 797/1997, de 22 de septiembre, y 929/2006, de 28 de septiembre)"».

Hay que incidir en que, a pesar de lo que erróneamente se concluyó en la sentencia, la servidumbre no supone la pérdida de habitabilidad y funcionalidad de [LA VIVIENDA/EL LOCAL] afectado, ya que únicamente afecta a [NÚMERO] metros, de los más de [NÚMERO] metros con los que cuenta el [LOCAL/VIVIENDA]. Nuestro Alto Tribunal ha dispuesto en su **STS n.º 435/2023, de 29 de marzo, ECLI:ES:TS:2023:1250** que:

«(...) (ii) cuando un propietario se ve afectado perjudicialmente por dicha incorporación es necesario realizar un juicio de ponderación entre los intereses jurídicos protegidos y que entran en conflicto, el del propietario a no ver alterado o perturbado su derecho de propiedad y el de la comunidad a instalar un ascensor, en el que se tenga en cuenta el alcance de esa afección sobre el elemento privativo; (iii) si dicha afección va más allá de lo que constituye el verdadero contenido y alcance de la servidumbre como limitación o gravamen impuesto sobre un inmueble en beneficio de otro perteneciente a distinto dueño, según el art. 530 CC, por suponer una pérdida de la habitabilidad o funcionalidad del elemento privativo que conlleva la desaparición, impide o merma de forma significativamente sustancial la posibilidad del aprovechamiento que resulta a su favor conforme a lo establecido por el art. 3.a) LPH, la instalación no podrá llevarse a cabo sin el consentimiento del afectado; (iv) fuera de estos casos, el interés individual del propietario no podrá desplazar **el interés general de la comunidad** en que la instalación se lleve a cabo, cuando el acuerdo de la junta reúna los presupuestos legales, pero con el oportuno resarcimiento a aquel de los daños y perjuicios ocasionados (...)».

Tanto el informe pericial aportado, como el propio perito don/doña [NOMBRE], han afirmado con rotundidad que la afectación en la propiedad de don/doña [NOMBRE PARTE CONTRARIA] es mínima, y que, con una reestructuración de los metros restantes, la funcionalidad no se vería afectada.

La resolución recurrida achaca a esta parte la falta de prueba sobre la inexistencia de pérdida de habitabilidad y funcionalidad, si bien entendemos que tal y como ya hemos expuesto, esta ha quedado suficientemente acreditada no solo en el informe pericial, sino también en la declaración del perito. Además, hay que destacar que la parte que debía probar dicha pérdida de funcionalidad era el propietario demandado, ya que tal y como se recoge en la **sentencia de la Audiencia Provincial de Alicante n.º 261/2023, de 9 de mayo, ECLI:ES:APA:2023:1108**: «(...) correspondía a los recurrentes demostrar cual sería el grado de pérdida de funcionalidad del referido inmueble, lo cual tampoco ha acontecido, pues en su demanda se limitan a afirmar que si se instala un ascensor con unas medidas de cabina como las que propone la empresa Alapont en el presupuesto aprobado por la comunidad, la ocupación de espacio privativo no sería de 5,75 m2 sino "mucho mayor"(sic), afirmación que no está respaldada por ninguno de los informes técnicos obrantes en las actuaciones (...)».

SEGUNDA.- PRUEBA

Acompañamos [DESCRIPCIÓN], documento que no pudo aportarse en la primera instancia debido a [MOTIVO]. **(4) (5)**

Con relación a la prueba en segunda instancia nuestro Alto Tribunal establece en la **STS n.º 1157/2008, de 15 de diciembre, ECLI:ES:TS:2008:7094:**

«El Art. 460,2.1 LEC permite pedir la práctica de la prueba en segunda instancia en relación con aquellas que "hubiesen sido indebidamente denegadas en primera instancia, siempre que se hubiere intentado la reposición de la resolución denegatoria o se hubiere formulado la oportuna protesta en la vista". De los hechos relatados en el Fundamento anterior, se concluye que la parte ahora recurrente cumplió con los requisitos formales exigidos en este artículo. Sin embargo, la recurrente se refiere a pruebas cuya relevancia resulta sustancial para el pleito, es decir aquellas que hubiesen dado lugar a una decisión diferente si su práctica hubiese sido admitida. Para ello de acuerdo con la doctrina que esta Sala ha venido declarando en relación al antiguo Art. 862 LEC/1881, se requiere que los hechos se hayan producido posteriormente al comienzo del plazo para dictar sentencia o que se trate de hechos que aun habiendo sucedido antes, la parte justifique haberlos conocido con posterioridad. Todo ello, porque en apelación aparece limitada la posibilidad de practicar prueba y la ley sólo la permite en los casos excepcionales previstos en el Art. 460 LEC/2000».

Por lo expuesto,

SUPLICO A LA AUDIENCIA:

Tenga por presentado este escrito, lo admita junto con sus documentos y copias, tenga por interpuesto **RECURSO DE APELACIÓN** contra la resolución n.º [NÚMERO] y, tras los trámites legales oportunos, dicte resolución por la que estimando este recurso de apelación revoque íntegramente la de [FECHA], recaída en los autos [DESCRIPCIÓN] seguidos ante el Juzgado de Primera Instancia de [LOCALIDAD], declarando ajustadas a derecho las pretensiones de este recurso, con condena en costas a la parte contraria.

Por ser justicia que pido en [LOCALIDAD], a [DIA] de [MES] de [AÑO].

<table>
<tr><td>Ltdo.</td><td>Proc.</td></tr>
<tr><td>[NOMBRE Y FIRMA LETRADO]</td><td>[NOMBRE Y FIRMA PROCURADOR]</td></tr>
</table>

PRIMER OTROSÍ DIGO: de conformidad con el apartado tercero de la disposición adicional 15.ª Ley Orgánica del Poder Judicial esta parte ha consignado la cantidad legalmente prevista en concepto de depósito, como se acredita mediante la copia del justificante de ingreso que aportamos como **documento n.º** [NÚMERO].

En su virtud,

SUPLICO:

Tenga por efectuada la anterior manifestación a los efectos oportunos.

Por ser justicia, fecha y lugar *ut supra*.

<table>
<tr><td>Ltdo.</td><td>Proc.</td></tr>
<tr><td>[NOMBRE Y FIRMA LETRADO]</td><td>[NOMBRE Y FIRMA PROCURADOR]</td></tr>
</table>

SEGUNDO OTROSÍ DIGO: siendo intención de esta parte cumplir con todos los requisitos legales, a tenor de lo previsto en el artículo 231 de la Ley de Enjuiciamiento Civil, se solicita se le diere traslado de cualquier defecto que adoleciere la presente demanda, para la inmediata subsanación de la misma.

Por lo anterior,

SUPLICO:

Se tenga por efectuada la anterior manifestación a los efectos oportunos.

Es justicia que pido en el lugar y fecha *ut supra*.

Ltdo.   Proc.

[NOMBRE Y FIRMA LETRADO]   [NOMBRE Y FIRMA PROCURADOR]

---

(1) Tras la reforma operada en el art. 458 de la LEC por el RD-ley 6/2023, de 19 de diciembre, con entrada en vigor el 20/03/2024, el recurso de apelación se interpone ante el tribunal competente para conocer del mismo dentro del plazo de 20 días desde la notificación de la resolución impugnada, de la cual debe acompañarse copia.

(2) La LEC exige indicar la resolución que se recurre.

(3) Indicar y desarrollar los pronunciamientos que se impugnan de la resolución recurrida y los motivos. Si se alegan infracciones procesales debe acreditarse la indefensión sufrida, en su caso, y que se denunció oportunamente cuando se tuvo ocasión procesal para ello.

(4) El artículo 270 de la LEC establece los motivos que facultan para aportar nuevos documentos. «(...)1.º Ser de fecha posterior a la demanda o a la contestación o, en su caso, a la audiencia previa al juicio, siempre que no se hubiesen podido confeccionar ni obtener con anterioridad a dichos momentos procesales.

2.º Tratarse de documentos, medios o instrumentos anteriores a la demanda o contestación o, en su caso, a la audiencia previa al juicio, cuando la parte que los presente justifique no haber tenido antes conocimiento de su existencia.

3.º No haber sido posible obtener con anterioridad los documentos, medios o instrumentos, por causas que no sean imputables a la parte, siempre que haya hecho oportunamente la designación a que se refiere el apartado 2 del artículo 265, o en su caso, el anuncio al que se refiere el número 4.º del apartado primero del artículo 265 de la presente Ley».

(5) El artículo 460 de la LEC establece taxativamente las pruebas que pueden solicitarse en el escrito de interposición del recurso. En función del caso concreto la fórmula podría ser: «En virtud del art. 460 de la LEC, solicitamos la práctica de la prueba [DESCRIPCION_PRUEBA_SOLICITADA], ya que [MOTIVO QUE RECOGE EL ART. 460 LEC]».

Demanda de impugnación del acta de la comunidad de propietarios que aprueba la instalación del ascensor

AL JUZGADO DE PRIMERA INSTANCIA DE [LOCALIDAD]

Don/Doña [NOMBRE_PROCURADOR_CLIENTE], procurador/a de los tribunales, y de **don/doña** [NOMBRE_CLIENTE], con domicilio en [DOMICILIO_CLIENTE] y DNI [NUMERO], en virtud de poder [NOTARIAL/APUD ACTA] **(1)**, bajo la dirección letrada de **don/doña** [NOMBRE_ABOGADO_CLIENTE], colegiado/a [NUMERO] por el ICA de [LUGAR], ante este juzgado comparezco y, como mejor proceda en derecho,

DIGO

Que por medio del presente escrito interpongo **DEMANDA DE JUICIO ORDINARIO (2)** en ejercicio de la acción de **impugnación de acuerdo de junta de propietarios**, contra la **comunidad de propietarios de** [DESCRIPCIÓN] y ello con base en los siguientes fundamentos fácticos y jurídicos.

HECHOS

PRIMERO.- Mi mandante, don/doña [NOMBRE_CLIENTE], es propietario/a de la finca que se describe a continuación:

- [DESCRIPCIÓN]

La referida vivienda se encuentra sujeta al régimen de división horizontal del edificio en que se encuentra.

Se acompaña como **documento n.º** [NÚMERO] certificación expedida por el Registro de la Propiedad de [LOCALIDAD] relativa a dicha finca, y como **documento n.º** [NÚMERO] copia de la escritura de división horizontal de la comunidad de propietarios.

SEGUNDO.- El pasado día [FECHA], se celebró junta general [ORDINARIA/EXTRAORDINARIA] de la comunidad de propietarios de la que mi mandante es comunero/a.

En la misma, entre otras cuestiones, se procedió a la votación de la instalación de un ascensor, y al reparto de gastos, a pesar de no encontrarse dicho asunto en el orden del día, y sin haber presentado en la junta ningún proyecto de obra que facilitase la información mínima necesaria para poder adoptar el acuerdo con conocimiento, lo que implica un claro abuso de derecho, al aprobarse un acuerdo ausente de fundamentación, al no disponer los comuneros de información suficiente.

La comunidad, con el único afán de lograr la aprobación del acuerdo, ha escondido y manipulado la información, dando unos datos escuetos en base a un presupuesto aproximado, ya que al no disponer de proyecto es imposible conocer todas las implicaciones y gastos que conllevarán las obras.

Esta falta de información implica que mi mandante se encuentre indefenso, ya que no puede impugnar los aspectos concretos de un proyecto que desconoce.

Se adjunta como **documento n.º** [NÚMERO] el acta de la junta impugnada, y como **documento n.º** [NÚMERO] la convocatoria de la junta en la que no figuraba la instalación del ascensor como punto a tratar.

TERCERO.- Ante esta opción, mi representante votó en contra, oponiéndose al acuerdo, pero sin poder fundamentar correctamente su negativa, al no estar en condición de discutir, por desconocimiento, los aspectos concretos que implicarían las obras y que deberían haberse valorado en función del proyecto de obra.

CUARTO.- Ante las dudas sobre la viabilidad de la instalación del ascensor mi mandante ha acudido al perito **don/doña** [NOMBRE], y le ha solicitado que emita un informe sobre la posibilidad de instalar un ascensor en la comunidad de propietarios, concluyendo dicho informe que dicha instalación no es posible dado el insuficiente hueco existente en las escaleras, y la pérdida de habitabilidad y funcionalidad que supondría para las viviendas tener que ceder parte de sus metros a favor de la comunidad.

Dicho informe ha sido remitido al presidente de la comunidad de propietarios mediante burofax en fecha [FECHA], solicitando que se convocase una nueva junta para subsanar las irregularidades de la última reunión, si bien no hemos obtenido respuesta alguna, ni nueva convocatoria de la junta para debatir nuevamente la propuesta disponiendo, esta vez sí, de información que permita la adopción válida de acuerdos sobre la materia.

Se acompaña como **documento n.º** [NÚMERO] el mentado informe pericial, y como **documento n.º** [NÚMERO] el acuse de recibo del burofax.

QUINTO.- Como consecuencia de todo lo expuesto, se procede a impugnar los puntos [ESPECIFICAR], del acta de la comunidad de propietarios [ESPECIFICAR] de fecha [FECHA].

A los anteriores hechos les son de aplicación los siguientes,

FUNDAMENTOS DE DERECHO

I.- JURISDICCIÓN Y COMPETENCIA

Corresponde la atribución del presente procedimiento a la jurisdicción civil, de conformidad con lo dispuesto en los artículos 21 y ss. de la Ley de Enjuiciamiento Civil (LEC).

En cuanto a la competencia del Juzgado de Primera Instancia n.º [NUMERO] de [CIUDAD], artículo 52.1 de la LEC, que en su apartado octavo regula la competencia del tribunal en el que radique la finca, al tratarse de un juicio en materia de propiedad horizontal.

II.- CAPACIDAD Y LEGITIMACIÓN

Ostenta legitimación la parte actora y la demandada, de conformidad con lo dispuesto en los artículos 10 y concordantes de la LEC.

Asimismo, y de conformidad con el **artículo 6** y concordantes de la propia LEC, ostentan capacidad tanto la actora como la demandada.

Todo ello, refrendado por lo dispuesto en la Ley de Propiedad Horizontal, en su **artículo 18**, que en su apartado segundo dispone que: «Estarán legitimados para la impugnación de estos acuerdos los propietarios que hubiesen salvado su voto en la Junta, los ausentes por cualquier causa y los que indebidamente hubiesen sido privados de su derecho de voto. Para impugnar los acuerdos de la Junta el propietario deberá estar al corriente en el pago de la totalidad de las deudas vencidas con la comunidad o proceder previamente a la consignación judicial de las mismas (...)».

III.- PROCEDIMIENTO (2)

De acuerdo con el artículo 249.1.8.º LEC, el procedimiento adecuado a seguir por razón de la materia es el juicio ordinario, sin perjuicio de que se haya determinado la cuantía del pleito en [CANTIDAD] euros, para dar cumplimiento a lo dispuesto en los artículos 251 y 253 de la Ley de Enjuiciamiento Civil (3).

IV.- FONDO DEL ASUNTO (4)

El art. 16.2 de la LPH señala que:

> «La convocatoria de las Juntas la hará el presidente y, en su defecto, los promotores de la reunión, con indicación de los asuntos a tratar, el lugar, día y hora en que se celebrará en primera o, en su caso, en segunda convocatoria, practicándose las citaciones en la forma establecida en el artículo 9. La convocatoria contendrá una relación de los propietarios que no estén al corriente en el pago de las deudas vencidas a la comunidad y advertirá de la privación del derecho de voto si se dan los supuestos previstos en el artículo 15.2.
> Cualquier propietario podrá pedir que la Junta de propietarios estudie y se pronuncie sobre cualquier tema de interés para la comunidad; a tal efecto dirigirá escrito, en el que especifique claramente los asuntos que pide sean tratados, al presidente, el cual los incluirá en el orden del día de la siguiente Junta que se celebre (...)».

Tal y como hemos expuesto, en la convocatoria de la junta no se incluyó como asunto a tratar la instalación del ascensor, siendo este finalmente el asunto principal del acta impugnada, ante lo cual sería aplicable la doctrina del Tribunal Supremo, a la que se hace alusión en la **STS n.º 2/2021, de 13 d enero, ECLI:ES:TS:2021:5**:

> «Las sentencias de 10 noviembre 2004 y 18 septiembre 2006 apuntan en el tema que en el orden del día deben incluirse los acuerdos que deben ser discutidos. Así, la primera de ellas dice:
> 'La jurisprudencia de esta Sala exige que en el orden del día se consignen los asuntos a tratar en la Junta, para que puedan llegar a conocimiento de los interesados, porque de otra forma, siendo la asistencia meramente voluntaria, sería fácil prescindir de la voluntad de determinados propietarios. Por ello no es admisible con carácter general la adopción de acuerdos que no estén en el orden del día, ni tan siquiera bajo el epígrafe de ruegos y preguntas, por considerarse sorpresivo para la buena fe de los propietarios (S.s. 16 diciembre 1.987 y 26 junio 1.995)'».

El artículo 18 de la LPH, en su apartado primero, dispone que:

> «Los acuerdos de la Junta de Propietarios serán impugnables ante los tribunales de conformidad con lo establecido en la legislación procesal general, en los siguientes supuestos:
> a) Cuando sean contrarios a la ley o a los estatutos de la comunidad de propietarios.
> b) Cuando resulten gravemente lesivos para los intereses de la propia comunidad en beneficio de uno o varios propietarios.
> c) Cuando supongan un grave perjuicio para algún propietario que no tenga obligación jurídica de soportarlo o se hayan adoptado con abuso de derecho».

Tal y como se recoge en la **sentencia del Tribunal Supremo n.º 216/2019, de 5 de abril, ECLI:ES:TS:2019:1090**:

> «La ausencia del referido proyecto provocaba un acuerdo ausente de fundamentación, pues no se ofrecía a los comuneros información suficiente, y se

desprotegía a los disidentes dejándolos indefensos, en cuanto no conocían los aspectos a impugnar de un proyecto que no existía.

Por todo ello, procede estimar el recurso de casación, y asumiendo la instancia anulamos el acuerdo de 17 de septiembre de 2014 de la comunidad de propietarios, en cuanto que se adoptó el acuerdo en manifiesto abuso de derecho, impidiendo que los demandantes pudiesen hacer uso de su legítimo de derecho de defensa, al ocultar la comunidad los términos en los que se iba a desarrollar la obra (no hubo proyecto), que previsiblemente podía afectar a los locales de los comuneros disidentes».

V.- COSTAS

En aplicación del art. 394.1 de la LEC, deberán imponerse las costas a la demandada.

VI.- *IURA NOVIT CURIA*

En todo lo no invocado resulta de aplicación el principio *iura novit curia*, plasmado en el párrafo segundo del punto primero del artículo 218 de la Ley de Enjuiciamiento Civil, en virtud del cual serán aplicables las demás normas que sean de pertinente, especial o general aplicación, y que el juzgador podrá tener en cuenta de oficio sin necesidad de que hayan sido previamente alegadas o invocadas por alguna de las partes intervinientes.

En su virtud,

SUPLICO AL JUZGADO:

Tenga por presentado este escrito, junto con sus documentos y copias, los admita, les de la tramitación legal oportuna, tenga por formulada **DEMANDA DE JUICIO ORDINARIO** en ejercicio de la acción de impugnación del acuerdo adoptado por la Comunidad de Propietarios de la calle [CALLE] de [CIUDAD] en junta [ESPECIFICAR] y previos los trámites legales pertinentes se sirva dictar sentencia por la que se declare la nulidad del referido acuerdo, condenando a los demandados a estar y pasar por todas las anteriores declaraciones, así como al pago de las costas del procedimiento.

Por ser justicia en [LUGAR], a [FECHA].

Ltdo.   Proc.

[NOMBRE Y FIRMA LETRADO]   [NOMBRE Y FIRMA PROCURADOR]

OTROSÍ DIGO: siendo intención de esta parte cumplir con todos los requisitos legales, a tenor de lo previsto en el artículo 231 de la Ley de Enjuiciamiento Civil, se solicita se le diere traslado de cualquier defecto que adoleciere la presente demanda, para la inmediata subsanación de la misma.

Por lo expuesto,

SUPLICO AL JUZGADO:

Tenga por efectuada la anterior manifestación a los efectos oportunos.

Por ser justicia, fecha y lugar *ut supra*.

Ltdo.   Proc.

[NOMBRE Y FIRMA LETRADO]   [NOMBRE Y FIRMA PROCURADOR]

---

(1) Ver artículo 24 de la LEC sobre el apoderamiento del procurador, reformado por el RD-ley 6/2023, de 19 de diciembre, con entrada en vigor el 20/03/2024.

(2) Se decidirán por juicio ordinario (art. 249.1.8.º LEC) las acciones que otorga a las juntas de propietarios y a éstos la LPH, siempre que no versen exclusivamente sobre reclamaciones de cantidad, en cuyo caso se tramitarán por las reglas del juicio verbal o por el procedimiento especial que corresponda. El RD-ley 6/2023, de 19 de diciembre, modifica el artículo 249 de la LEC con entrada en vigor el 20/03/2024.

(3) El art. 253.3 de la LEC dispone que: «Cuando el actor no pueda determinar la cuantía ni siquiera en forma relativa, por carecer el objeto de interés económico, por no poderse calcular dicho interés conforme a ninguna de las reglas legales de determinación de la cuantía, o porque, aun existiendo regla de cálculo aplicable, no se pudiera determinar aquélla al momento de interponer la demanda, ésta se sustanciará conforme a los cauces del juicio ordinario».

(4) En este apartado deben especificarse todas las causas por las que se impugna el acta.